幸『孕』妈妈

完美
胎教伴孕程

王孝忠◎主编

黑龙江科学技术出版社
HEILONGJIANG SCIENCE AND TECHNOLOGY PRESS

图书在版编目（CIP）数据

完美胎教伴孕程 / 王孝忠主编. -- 哈尔滨:黑龙江科学技术出版社, 2018.5（2022.7重印）
（幸“孕”妈妈）
ISBN 978-7-5388-9585-8

Ⅰ. ①完… Ⅱ.①王… Ⅲ.①胎教－基本知识 Ⅳ.①G610.8

中国版本图书馆CIP数据核字(2018)第050922号

完美胎教伴孕程

WANMEI TAIJIAO BAN YUN CHENG

作　　者 王孝忠
项目总监 薛方闻
责任编辑 梁祥崇　许俊鹏
策　　划 深圳市金版文化发展股份有限公司
封面设计 深圳市金版文化发展股份有限公司
出　　版 黑龙江科学技术出版社
地址：哈尔滨市南岗区公安街70-2号　邮编：150007
电话：（0451）53642106　传真：（0451）53642143
网址：www.lkcbs.cn
发　　行 全国新华书店
印　　刷 河北松源印刷有限公司
开　　本 685 mm×920 mm　1/16
印　　张 13
字　　数 120千字
版　　次 2018年5月第1版
印　　次 2022年7月第2次印刷
书　　号 ISBN 978-7-5388-9585-8
定　　价 68.00元

前言 PREFACE

说到胎教，许多人并不陌生，不过大多数人对胎教的理解只是停留在孕期听听音乐、吃点营养品的阶段，而且对胎教的效果也持半信半疑的态度。这种态度的产生大多来自于准爸爸准妈妈们对胎教知识的缺乏和对胎教目的的不理解。

事实上，许多女性在怀孕后都想要进行胎教，以期望自己的宝宝更聪明，但她们心中仍有疑惑，例如胎教是否真的有效果，胎教的科学基础在哪里，胎教究竟有什么意义，胎儿真的能感受到爸爸妈妈的胎教引导吗，等等。

其实在古代就有了胎教，尤其是帝王将相家更是注重胎教，有的还将胎教的方法记录下来，以便代代相传。一直到现在，人们对胎教的研究从未停止过。大量的研究成果证实，在怀孕期间对胎儿实施科学合理的胎教，能使胎儿更加均衡地生长发育，能让胎儿的潜能得到最大限度的开发，还能为胎儿在出生后的生理和心理方面打下良好的基础。只要方式方法得当，胎教就能对胎儿产生积极的影响。

值得指出的是，胎教不是对胎儿直接进行教育，其目的也不是培养天才儿童，而是通过一定的方法让胎宝宝的生长发育环境变得更加健康、更加合理。这里所说的“生长发育环境”简单地说有两个方面：一个是与胎宝

直接发生关系的环境，也就是孕妈的身体；另外一个则是孕妈的生活环境，孕妈的生活环境虽然不直接跟胎儿发生关系，但对胎儿的影响同样重大。这两个方面是保证胎儿正常生长发育的必需条件，任何一个方面出了问题，都会对胎儿的身心健康产生危害。因此，孕妈们要正确认识胎教，避免陷入胎教误区。

本书不仅从宝宝的生长需求出发，也从孕妈的生活细节出发。要知道，胎宝宝和孕妈的身心健康同样重要，因此，胎教的另一个重要目的就是让孕妈和胎宝宝共同享受整个孕期带来的快乐。为了达到这样的目的，作者查阅了大量的资料，并根据孕妈的身心状态和胎宝的生长发育状况，来给广大的准爸爸准妈妈提供具有实际参考价值的方案，从各方面尽可能全面地展现胎教的内容。

下面就让我们一同了解胎教、学习胎教、认识胎教、制订胎教计划吧！我们将用一个个生动的故事、一曲曲动听的音乐、一幅幅优美的画卷……陪您一同度过孕期的每一天！

目录 CONTENTS

Part 01 正确认识胎教，不做糊涂妈妈

Part 02 孕早期——别急，才刚刚开始

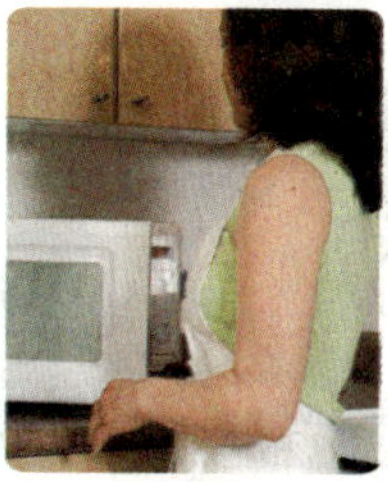

Part 03 孕中期——妈妈您辛苦啦

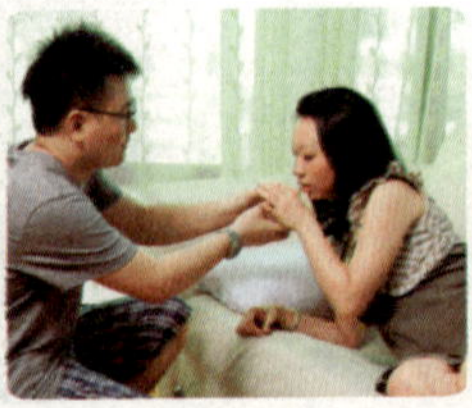

Part 04 孕晚期——准备迎接宝宝

Part 01

正确认识胎教，不做糊涂妈妈

所谓胎教，就是胎儿教育。在倡导“优生优育”的今天，胎教属于优生学的范畴，也是教育学的一个分支。我们都知道，胎儿是有生命的，尤其是到孕后期，胎儿在孕妇体内也能感受到外界的刺激。胎儿就像是一块天然的玉石，玉石需要雕琢才能称之为美玉，我们这里所说的胎教就是“雕琢”胎儿的过程，当然这里的“雕琢”并不是用美工刀，而是让爸爸妈妈通过科学合理的方法，消除外界对胎儿的不利影响，并对胎儿进行有计划、有积极意义的训练和引导，从而促进宝宝的身心向着更好的方向发展。

什么是胎教

胎教的实质

有人认为，胎教是大人在外面教，胎儿在里面学，还有人认为胎教是“给胎儿听听优美的音乐”，或者“和胎儿说说话，看看优美的风景”。其实，胎教不是教育，而是从营养和环境等方面维护和促进胎儿的生长发育。其实质是让孕妈拥有良好的身心状态，进而让胎儿在优良的环境中长大。胎儿生存的环境有两种类型，具体如下：

母体内环境

母体内环境是指孕妈的子宫，它是胎儿赖以生存的基础，因此孕妈身体健康与否，会直接影响到胎儿的生长发育。例如，饮食上，孕妈必须要有丰富的营养供应，才能给胎儿提供营养；生活上，要保证周围环境安全、干净、卫生，才能给胎儿一个舒适的环境；孕妈本身，也要有乐观的心态，才能给胎儿一个积极的引导，等等。特别需要注意的是，孕期不要轻易用药。另外，女性在怀孕期间，如果能拥有良好的道德修养、兴趣爱好、夫妻关系、家庭关系等“软实力”，对胎儿的生长发育来说，无疑是大有裨益的。

母体外环境

母体外环境指的就是孕妈的生活环境，包括爸爸的生活环境和爸爸对孕妈的影响。夫妻关系对孕妇的影响最大，也是最容易产生消极影响的因素之一，因此孕产期的妇女，要特别留心与配偶之间的和谐关系。

胎教的含义

一般，我们将胎教分为狭义胎教和广义胎教两类。

狭义胎教

狭义胎教又称直接胎教，是指直接作用于胎儿的保健措施。直接胎教是根据胎儿各感觉器官发育的实际情况，有针对性地给予适当的刺激，使胎儿建立起条件反射，进而促进其大脑功能、躯体运动功能、感觉功能及神经系统功能的成熟。具体来说，狭义胎教就是在胎儿发育成长的各个时间段内，科学地提供视觉、听觉、触觉等方面的刺激，如采用视觉胎教、音乐胎教、语言胎教、抚摸胎教等方法，使胎儿大脑神经细胞不断增殖，神经系统和各个器官的功能得到合理的开发和训练，以最大限度地发掘胎儿的智力潜能，使胎儿更加聪明。

广义胎教

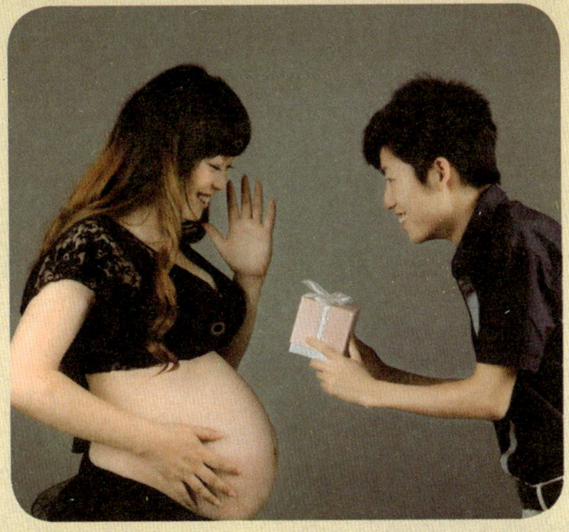

广义胎教又叫间接胎教，是通过对母亲的作用来影响胎儿，它的范围较广泛。广义胎教是为了促进胎儿生理和心理的健康发育，同时确保孕妈能够顺利地度过孕期，采取情绪胎教、营养胎教、运动胎教、行为胎教等方法，对孕妈施加的保健措施。具体地说，像优身受孕、合理营养、预防疾病、谨慎用药、忌烟戒酒、保持心情愉快、远离毒物等均属于广义胎教的范畴。

胎教的意义

对胎宝宝的好处

经过良好胎教出生的婴儿，在听力、记忆力、性格等方面都有良好的表现。现代医学认为，父母身心健康，生活环境优美、舒适，母亲情绪平和、安乐，都会使胎儿的大脑原皮质受到良性的刺激，为孩子将来拥有高智商和好性情奠定基础。美国著名的心理学家通过对千余名儿童的研究，得出结论：人的智力获得，50%在4岁以前完成，这就包括胎教在内。也就是说，一个优秀人才所需具备的丰富想象力、深刻洞察力、良好记忆力、敏捷的思维能力和动手能力等均可以在胎儿期通过胎教得到潜在的培养。古今中外的大量事实也表明，胎教对促进人类智商提高是至关重要的。所以说，胎教的意义重大，应该引起准爸爸准妈妈们的重视。

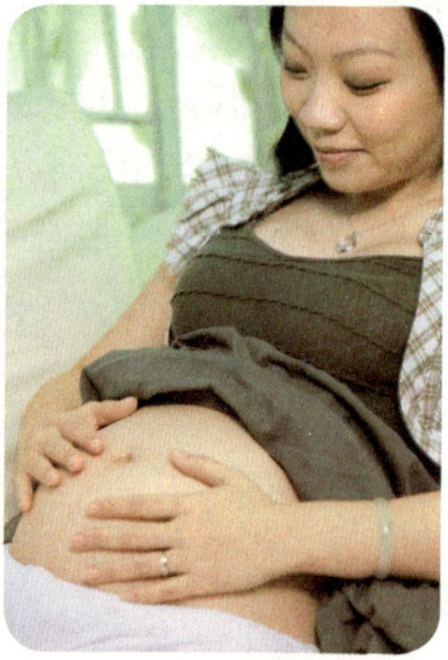

对孕妈的好处

胎教也是为了安全分娩。胎儿的听觉功能在妊娠8个月时已发育很好了，对外来的声音已能做敏感的反应了。此时应该让胎儿多听好的音乐等。此时胎动也活跃，母亲要多与胎儿“交谈”，胎儿会以缓慢的胎动做出相应的反应。胎儿不断生长，正在做着准备诞生的准备。例如，音乐胎教可以缓解孕妇的紧张情绪，并通过特殊方式把这种信息传递给婴儿，形成一个良性循环；又如，瑜伽胎教有助于孕妇生产，还能给胎儿适当的刺激和按摩，提高胎儿对外界环境的反应度。此外，运动胎教还有助于抑制孕妈体重过分增长的趋势，减少孕妈在孕期的负担，同时也能让宝宝不因为母亲体内能量多而过分吸收导致体重过大。

总之，胎教对孕妇和胎儿都是有益的。孕妈通过胎教和腹中胎儿进行情感交流，倾注博大的母爱，浇灌那萌芽中的小生命，真是一件美好的事！

常用的胎教方式

环境胎教

什么是环境胎教

良好的外在环境，能使胎儿受到良好的刺激，例如景色、音乐等。因为孕妈处于这样的环境中，可以得到美的享受，并能够对腹中胎儿产生积极影响。

孕妈的生理状态及营养结构组成了胎儿的内环境。在怀孕最初的两个月，胚胎从外表到内脏，从头颅到四肢基本上都在这个时期形成，而且胚胎很脆弱，不具备解毒功能，极易受到伤害，所以怀孕的前两个月是环境致胚胎畸变的高发期。为了保证胎儿的健康发育，母亲应该避免不利于妊娠的内外环境。例如：多次人工流产或自然流产后受孕，夫妻体弱患病时受孕，不洁的性生活（包括性病）引起的宫内胎儿感染，放射线的伤害，职业与嗜好的不良刺激，环境污染及噪声的伤害。

如何进行环境胎教

为了将来的宝宝，孕妈应该生活在良好的环境中。良好的环境包括清新的空气，恬静的园林，雅致的陈列品，阅读平和、乐观的文字，听优美的音乐等，一切使孕妇平和、愉快的气氛和环境，都能有良好的影响传给胎儿。例如：孕妈要经常到空气清新、风景秀丽的地方游览；多听悦耳动听的音乐；多看美丽的图画和花草；经常调节情趣，这样就会使自己体内各系统功能处于最佳状态；要适当接受日光浴；要避免噪声对胎儿神经系统的影响；在居室的墙壁上可以悬挂一些活泼可爱的婴幼儿画像或照片，想象宝宝出生后聪明可爱的样子，等等。

总之，要让你们的“小宝宝”尽可能多地去感受周围环境的美。

音乐胎教

什么是音乐胎教

美妙的音乐可以促进脑神经元的发育，不仅对胎儿有好处，也能使孕妈在音乐中放松自己的情绪。音乐是孕妇与胎儿之间互相沟通的桥梁，能被胎儿感受到，它是孕妇和胎儿建立最初联系和感情的最佳通道。

胎儿在子宫内与外界的联系，主要是由听觉器官来接受外界传入子宫内的声波刺激。对胎儿不时地发出音乐的声波，可以使胎儿的大脑不断受到良性刺激。

胎教音乐有两种，一种是给母亲听的，优美、安静，以E调和C调为主；另一种是给胎儿听的，轻松、活泼、明快，以C调为主。

音乐可直接引起大脑的反应，甚至比语言引起的反应更加直接和快捷。每天孕妈可以设定半个小时的时间来听音乐，时间不宜过长。在选择音乐时要有讲究，不是所有世界名曲都适合进行胎教的，最好要听一些舒缓、欢快、明朗的乐曲，而且要因时、因人而选曲。优美的音乐可以使母亲保持开朗的心境，而且能促进孕妇分泌一些有益母子健康的激素和酶，调节血液流量和神经，从而改善胎盘营养状况。所以，音乐理所当然地成为一种重要的胎教方式。

如何进行音乐胎教

美妙怡人的音乐可以给腹中的胎儿留下和谐而又深刻的印象，还可以刺激孕妇和胎儿的听觉神经器官，促使母体分泌出一些有益于健康的激素，使胎儿健康发育。可见，让胎儿听音乐是使其智力增长和身体健康的好办法。音乐胎教有以下几种方法。

哼歌谐振法

孕妇每天可以哼唱几首曲子，要轻轻哼唱，而不必放声大唱。最好选择抒情的曲子，也可唱些“小宝宝，快睡觉”等摇篮曲。唱时心情舒畅，赋予感情，如同面对亲爱的宝宝，倾诉一腔柔爱和衷肠。这时，母亲可想象胎儿正在静听自己的歌声，从而达到母子心音的谐振。

音乐熏陶法

母亲每天多次欣赏音乐名曲，如《春江花月夜》《雨打芭蕉》《江南好》等传统名曲。在欣赏音乐的过程中，借曲移情，浮想翩翩，时而沉浸于一江春水的妙境，时而徜徉于芭蕉绿雨的幽谷，在这时如醉如痴，如同进入美妙无比的仙境，自然会对胎儿产生良好的影响。

器物灌输法

可准备一架微型扩音器，将扩声器放置于离孕妇腹部2厘米处。乐声响时，不断轻轻移动扩音器，将优美的乐曲透过母腹的隔层，源源不断地灌输给胎儿。每次可播放2～3支乐曲，时间为5～10分钟，既要让胎儿欣赏音乐的美感，又要防止胎儿听得过于疲乏，才会收到良好的灌输效果。

母教子“唱”法

胎儿有听觉，但胎儿毕竟不能唱。母亲可先练习音符的发音或较简单的乐谱，这样就可使之容易学容易记，一教就会。例如，反复轻唱音阶若干遍，每唱完一个音符等待几秒钟，这几秒钟即是胎儿学习的时间，而后再依次进行。

孕期胎教音乐的选择

在怀孕的不同时期，需要选择不同的胎教音乐。

孕早期（1~12周）

胎儿的器官正在逐步形成，孕妇往往会感到不适，胃口不佳，甚至恶心呕吐。此时，可听一些抒情、优美的曲子，如柴可夫斯基的《如歌的行板》、舒曼的《梦幻曲》等。这样可使孕妇分散注意力，使早孕带来的不适随着优美的音乐而缓解或消除。

孕中期（13~28周）

在此期间胎儿发育很快，活动增多，孕妇可与胎儿一起听一些活泼欢乐的音乐，如圆舞曲等，对于陶冶孕妇情操、促进胎儿发育大有益处。

孕晚期 （29~40周）

胎儿已逐渐成熟，由于不久将分娩，准妈妈在欣喜之余，会感到紧张和担心。此时，胎教音乐可选择轻松动听的曲子，如肖邦的《降E大调小夜曲》、贝多芬的《G大调小步舞曲》等，使准妈妈的心灵得到慰藉，心情放松，胎儿有更良好的生长环境。

营养胎教

什么是营养胎教

营养胎教就是给胎儿提供充足的营养，保证胎儿发育良好，这也是进行胎教的根本和前提。营养胎教既要照顾孕妇的口味，又要注意食物营养，以保证孕妇和胎儿的物质需要，为胎儿提供充足的物质营养。因此，了解孕期的生理特点，科学饮食，对胎教来说也是很重要的事。

孕妈如何养成良好的饮食习惯

孕妈良好的饮食习惯，不仅能为胎儿提供充足的营养，而且能影响孩子出生后的饮食习惯，所以孕妇用餐应做到以下几点。

三餐要定时。应该在固定的时间吃饭，如早餐上午7~8点、午餐中午12点、晚餐下午6~7点。

三餐要定量。一日三餐，每一餐都很重要，不应该被忽略或合并在一起，注意热量与营养的均衡摄取，平分在三餐之中。

三餐固定地点。为了将来的宝宝能专心坐在餐桌旁吃饭，孕妇应该在固定的地点吃饭。

用餐要专心。一边吃饭一边看书或吃饭的同时看电视都是坏习惯，孕妈要专心吃饭，宝宝将来才会专心吃饭。

保持愉快的心情。进食过程应保持心情愉快。而且妈妈津津有味地吃完后，那种满足感会直接传达到胎儿的大脑，以后宝宝就会容易接受这些妈妈吃过的食物。

食物保持多样化。孕妈应尽量多吃天然原始的食物，而不是保健品。食物也要多样化，如五谷、新鲜水果和蔬菜等。身体所需的营养尽量从食物中获得。

拒绝“垃圾食品”。“垃圾食品”不但营养价值低，而且含高热量、高脂肪，比如冷冻甜品、罐头食品、蜜饯食品、油炸食品等。如果宝宝在母亲肚子里就习惯此种饮食模式，日后会很难让他拒绝“垃圾食品”。

孕妈的饮食要求

怀孕初期（1~12周）

怀孕后，要远离烟、酒、咖啡及含咖啡因的饮料， 多吃能减轻怀孕反应的食物。孕妇产生怀孕反应的时候，应该多吃能减轻反应的食物，如海鲜或沙拉等。如果呕吐厉害，则应多吃牛奶或水果等。

摄取维生素E和叶酸。维生素E在预防流产方面有一定的功效，应多吃含维生素E的糙米、菠菜等食物。

怀孕中期（13~28周）

注意调节体重，这个时期怀孕反应基本结束了，孕妇开始适应怀孕，胃口变得好起来，但要注意调节自己的体重，不要暴饮暴食。

摄取足够的营养成分。为了预防贫血，应摄取铁和维生素C，因为维生素C能有助于身体吸收铁。所以这时候要多吃动物的肝脏、黑芝麻、柑橘类水果等。

怀孕后期（29~40周）

摄入充足的纤维素。怀孕后期，子宫受到的压迫越来越强烈，会导致胃消化功能降低。所以孕妇在这个时期容易腰痛、便秘、患痔疮等。这时应该多吃蔬菜和水果，以增加纤维素的摄取。

应远离部分食物。这段日子应尽量避免吃过咸、过甜、太辣、油性太大的食物。另外，菜里不要加味精，因为味精可消耗掉大量锌元素，导致胎儿缺锌，影响胎儿正常发育。注意不要着凉。不饮用凉水，不吃刚从冰箱里拿出来的食物等。

注意营养均衡。这个时期，胎儿大脑发育很快，必须均衡摄取营养。即使是喜欢的食物，也不能连续吃，而不吃其他食物。另外，要减少盐分的摄入。

远离碳酸饮料。碳酸饮料会消耗掉部分铁，容易导致贫血，所以孕妇应该尽量少喝。

情绪胎教

什么是情绪胎教

情绪胎教，就是通过对准妈妈的情绪进行调节，创造温馨的氛围及和谐的心境，使她忘掉烦恼和忧虑，并且通过母亲的神经递质作用，促使胎儿的大脑得以良好的发育。

胎儿在母亲体内并不是只睡觉，而是一直在受到母亲的生理和心理变化的影响。胎儿最早接触的声音就是妈妈的心跳和脉搏。从心跳的频率变化当中，胎儿直接能感受到妈妈的喜怒哀乐。

孕妇的情绪，不仅影响自身的食欲、睡眠、精力、体力等几方面的情况，而且可以通过神经、体液的变化，影响胎儿的血液供给、心率、呼吸、运动等多方面的变化。如孕妇焦虑往往使婴儿多动、易怒、好哭；早期孕妇紧张、恐惧不安，会导致胎儿发生腭裂或形成早产及未成熟儿；巨大的恐惧还可以导致死胎，或足月胎儿体重过低；临产孕妇过度不安，肾上腺素分泌增加，可能发生滞产或产后大出血、难产率增高。

可以这样说，一个人的性格的培养、身心健康的教育都是从胎儿期开始的，是与准妈妈的情绪息息相关的。所以说，情绪胎教是胎教的一项非常重要的内容。

孕妈的情绪对胎儿有哪些影响

孕妇的精神和情绪能对胎儿的生长发育产生至关重要的影响，好的精神状态会给胎儿积极的影响，而不良的情绪会给胎儿带来不良后果。

如果孕妇在怀孕早期的情绪不好，会造成肾上腺皮质激素增高，可能阻碍胎儿上颌骨的融合，造成腭裂、唇裂等畸形。

怀孕3个月后，孕妇如果受到惊吓、忧伤、恐惧或其他严重的精神刺激等，会导致胎儿呼吸加速和身体移动。

调查表明：孕妇在吵架时，会有5％的胎儿心率加快，80％以上的胎儿胎动增强，胎动次数增至平常的3倍，最多时可达正常的10倍，这样有可能引起子宫出血、胎盘早期剥离，婴儿身体功能失调，特别是消化系统容易发生紊乱，易受惊吓，躁动不安。

如何进行情绪胎教

准妈妈需要胸怀宽广，乐观舒畅，避免烦恼、惊恐和忧虑，多想孩子远大的前途和美好的未来。胎儿在妈妈的肚子里，能够聆听到妈妈的声音，感受到妈妈的心情，还能对这些刺激形成记忆。母亲此时的情绪变化会给胎儿带来巨大的影响。

因此，在妊娠期间，孕妇应排除会引起胎儿不良反应的意识，把善良、温柔的母爱充分体现出来，要多赞美宝宝，来表示对宝宝的亲近，最好经常大声地对他说："妈妈好爱你哦，宝宝，你是妈妈最爱的人！"还可与他谈家常，跟他说悄悄话，让宝宝充分感觉到妈妈的爱意，早早建立良好的互动关系。

语言胎教

什么是语言胎教

语言胎教是声音刺激中除了音乐胎教之外的另一个重要内容。从理论上讲，它的传播途径与音乐胎教是一致的。

简而言之，语言胎教就是父母跟胎儿说话。不要觉得隔着肚皮与胎儿说话是件深奥难理解的事，只要你用“爱”来看待腹中的胎儿，经常对胎儿说话，就可以刺激胎儿脑部发育，有助于胎儿的成长。

科学研究表明，胎儿对于准爸爸低沉、浑厚的声音反应最为积极。所以准爸爸也要常常与胎儿说话。准爸爸和胎儿说话时，语调要轻柔、平和，慢慢提高音量，接近平时说话的声音。

每天屋子里安静的时候，孕妇觉出胎动比较活跃时，准妈妈准爸爸就可以和胎儿讲话，胎儿虽然还没出生，但是应该给他起个乳名，经常亲切叫他的乳名，胎儿出生后会对父母的呼唤很快做出反应，也容易与父母建立起亲密的关系。

如何进行语言胎教

从确切知道怀孕的消息开始，就经常与胎儿说话，让他习惯妈妈和爸爸的声音，等到胎儿完全习惯了父母的声音后，当父母思考或发出声音时，胎儿就能感觉到父母的心灵，理解父母的话语。

从怀孕第5个月开始，应该尝试着让胎儿集中意识，让他时刻感受到父母和他的交流，从而促进他智力的发展。

语言胎教的题材很多，比如以下几种。

说家常话。可以给胎儿说身边发生的事，一天中做了什么、想了什么、吃了什么、看到了什么、听到了什么、有什么感想。具体到打扫房间、洗衣服、做饭、买东西、去医院、去银行，或者织毛衣、穿衣打扮、看电视、洗澡等。早晨起来，可先向胎儿描述天气情况，甚至温度的高低等。

总之，生活中的一切都可对胎儿叙述，这是胎教中最重要和最基本的不可忽视的环节，这些行为会给胎儿大脑带来有效的刺激。

讲故事。讲故事时，母亲把腹内的胎儿当成一个大孩子，娓娓动听地述说，亲切的语言会通过声波的振动传递给胎儿，使胎儿不断接受环境的影响，在不断变化的文化氛围中孕育成长。

父母可以讲自己编的故事，也可以讲书上的故事，要选择那些短小有趣的民间故事、童话故事讲，而较易引起恐惧和伤感的故事则不宜选用。

讲故事时，母亲应选一个自己感到舒服的姿势，精力要集中，吐字要清楚，声音要和缓。

讲生活常识。让胎儿预先掌握生活中的智慧和一般常识，以便出生后对日常生活的事物更加感兴趣。如做菜给胎儿，通过嗅觉将菜的气味转达给胎儿。

总之，语言胎教就是要挑一些有趣的话题，通过感官和语言传递给胎儿，把头脑中的想象和实际情况都用语言表达出来，以刺激胎儿的思维和好奇心。

语言胎教须知

语言胎教虽然对胎儿有很大好处，但是实施胎教的时候应该注意以下几点。

内容要随意简单。跟胎儿说话的内容可以很随意，什么都可以说，可以问候，可以聊天，可以讲故事，但都应该以简单、轻松、明快为原则。例如，早晨起床前妈妈轻抚腹部，跟胎儿打招呼；打开窗时告诉胎儿天气情况；洗脸、刷牙、梳头、换衣服时都跟胎儿说；散步的时候跟胎儿说：“天是蓝的，云是白的，草是绿的，花是红的……”

时间不要太长。语言胎教可以从怀孕3～4个月时开始，也可以从知道怀孕的时候开始。开始的时候，每天定时跟胎儿说话，每次说话

时间不超过10分钟。到怀孕第8个月时，胎儿的听觉器官发育大体完成时，应强化对话过程，增加跟胎儿说话的次数和时间。

不要三心二意。由于胎儿一直在妈妈肚子里，对外部世界不能直接感知，并且，胎儿不是完全用耳朵听，而是用大脑来接受母体的感情。所以，孕妇在跟胎儿说话时，应集中精神，排除杂念，把宝宝当成一个能听懂话的孩子，耐心地说一些平时看来好像是废话的话语，才能达到预期的效果。

贵在坚持和付出。母爱是伟大的，其伟大的地方在于无私地付出。孕妈绝不能把跟胎儿讲话，看作负担而懒得去做，而要通过和胎儿一起感受、思考这一天的生活，使母子间的纽带更牢固，并培养胎儿对母亲的信赖感及对外界的感受力和思考力。

行为胎教

什么是行为胎教

行为胎教就是通过孕妇自身的行为影响胎儿。我国古人在这方面就早有论述，古人认为，胎儿在母体内就应该接受母亲言行的感化，因此要求孕妇清心养性、遵守礼仪、品行端正，给胎儿以良好的影响。准父母们一定不要忽视行为胎教，尤其是孕妇自身的言行，会影响胎儿乃至孩子的一生。

行为胎教如何进行

胎儿是由母亲孕育出来的，他在母亲的腹中接受来自外界的信息，因为与他最接近的就是母亲，所以孕妇的一言一行、一举一动都将对胎儿产生影响。

如果一个女性说话粗鲁、举止骄横、酗酒、嗜烟、沉迷于娱乐，经常出入赌场、歌厅、酒吧，听震耳欲聋的摇滚乐、爱搬弄是非，那她很难孕育出智力超群、身心健康的孩子，因为她的孩子出生后，如果仍然在这样的家庭环境中成长，很难得到正确的指导，在成长过程中自然就会学会吸烟、喝酒、赌博、搬弄是非、打架斗殴。

如果一个女性具有良好的文化修养、健康的生活情趣、乐观向上，那她生出的孩子必然会有健康的心灵。孕妇的学识、礼仪、审美情趣等方面都会对胎儿有影响，尤其是7个月以后的胎儿，已有了听觉和感知能力，能对受到的刺激做出一定的反应，孕妇在这个时候加强情操言行修养，是很有必要的。

为了做好行为胎教，每一个孕妇都应从自己做起，努力提高自身修养。具体做法大致有以下几点：

加强文化修养。加强文化修养可以使内心世界更丰富。孕妇可以有计划地阅读些有益于身心健康的文学作品、知识读物以及人物传记，从中汲取无尽的“营养”，充实、丰富、美化自己的语言；品评一些精美的摄影、绘画作品；欣赏一些优美的音乐等。

培养良好的习惯。良好的习惯要从一点一滴的小节做起，如服饰保持整洁，言谈文雅，声调柔和，举止端庄，注重公共道德等。

培养健康的生活情趣。充实自身的精神生活，热爱大自然，热爱人生。

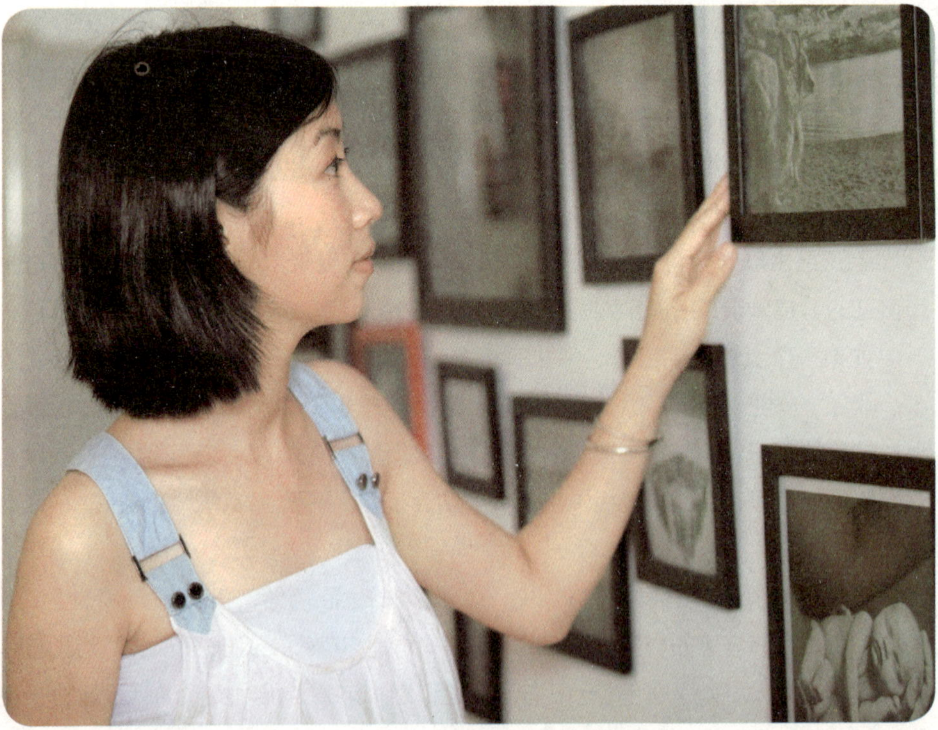

视觉胎教

什么是视觉胎教

视觉胎教，是指在怀孕后期，当胎儿醒着时，用手电筒的光照射孕妈腹部，以训练胎儿昼夜节律，促进胎儿视觉功能及大脑的健康发育。这样训练过的胎儿，出生后能够适应白天玩、晚上睡的生活。这样的胎教也有利于胎儿的视觉功能发育，对胎儿日后视觉敏锐、协调、专注都将会产生良好的影响。视觉胎教可选择在每天早晨6～7点钟或每晚8～9点钟进行，以便孩子以后养成按时起床、按时睡觉，过规律生活的好习惯。

视觉胎教怎样进行

专家认为，胎儿视力发育较晚，在怀孕的早期和中期，一直处于闭着眼睛生活的状态。

一般来说，胎儿4个月时，视功能开始发育，此时如果用光线稍强的手电筒光照孕妇腹部，胎儿会对光线有反应，但他并不睁眼。

胎儿7个月时，胎儿的视力发育得比较成熟，视网膜能够感应外界光线，并把光的信号传送到大脑。

所以，视觉胎教最好在胎儿7个月时开始。做视觉胎教应注意以下几点：

A.忌用强光照射，光线最好弱一点，用光线较弱的手电筒就可以；

B.每次时间不宜过长，一般几分钟就可以了；

C.可以每天早晚各选一个合适的固定时间；

D.做视觉胎教时，孕妇需要选择舒服的姿势坐好或躺好，放松精神，保持心情愉悦；

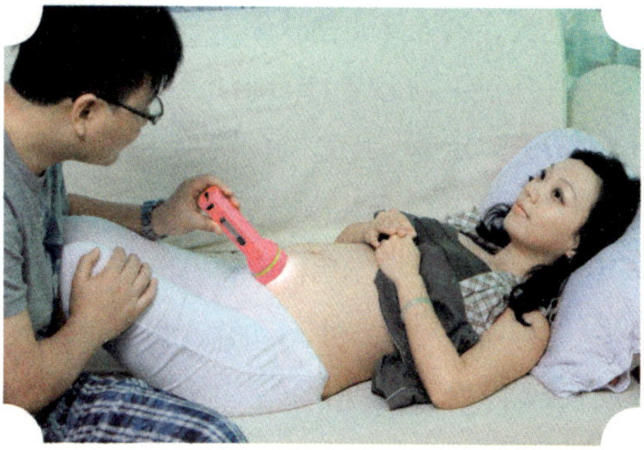

E.开始前，孕妇可以轻轻拍拍胎儿，对他说些话，如：“宝贝，来，看光亮。”然后用手电筒在离肚子不远处照射。照射时，要有节奏，让手电筒一亮一灭，以促使胎儿视觉细胞进行应对活动。

抚摸胎教

什么是抚摸胎教

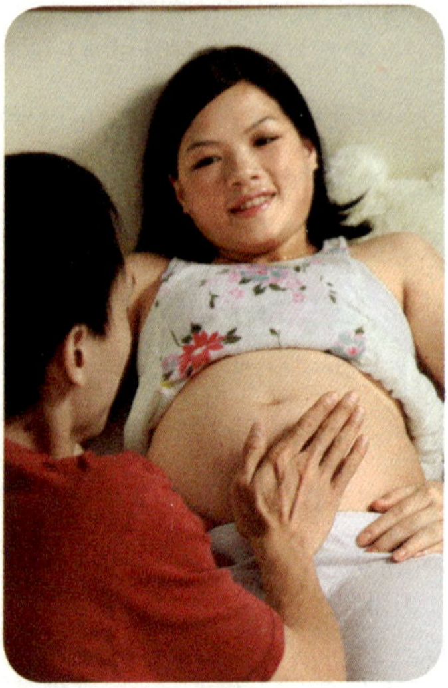

抚摸胎教就是父母通过轻柔的抚摸，感受孩子的胎动，与胎儿做触觉交流，宝宝在被抚摸的过程中，也可以感受到父母的爱。

抚摸胎儿的目的，是通过对胎儿施以触觉上的刺激，促进胎儿的大脑发育。胎儿对触觉刺激有着较灵敏的反应，有的孕妇发现，抚摸胎儿头部会增加胎儿的心率。一般来说，父母通过触摸动作和声音，与腹中的胎儿沟通信息，可以使胎儿有一种安全感，使他感到舒服和愉快。

抚摸胎教如何进行

一般来说，怀孕4个月就可以应用抚摸胎教了，特别是怀孕后期更为有益。

进行抚摸前，准妈妈先排空小便，仰卧在床上，头部不要垫高，下肢膝关节向腹部弯曲，双足平放于床上，全身尽量放松。抚摸可由妈妈进行，也可由爸爸进行，也可轮流进行。抚摸胎教具体有以下几种方式：

抚摸胎儿。孕妇双手置于腹部，按从上至下，从左至右的顺序抚摸胎儿。胎儿受到刺激后会出现胎动，这是对妈妈抚摸的反应。等到胎儿活动时，父母应及时主动迎接并轻轻加大抚摸力度，使胎儿感到有人在同他们“握手”。这种抚摸可反复做几次，若能伴随胎教音乐一起进行，效果会更好。

按压胎儿。双手捧着胎儿，用一个手指轻轻地按压胎儿，然后放松即可，就像在跟胎儿玩耍，反复做10次左右。

推动胎儿。胎儿六七个月以后，父母能摸出胎儿的形体。这时，孕妇可以双手轻轻捧起胎儿，然后松手，再捧起，再松手，也可轻轻推动胎儿在水平方向来回动，这样可使胎儿产生运动感，胎儿会挥拳与蹬足主动迎接父母帮助运动的手。

互动游戏。胎儿踢妈妈腹部时，孕妈就轻轻拍打该部位作为回应，胎儿再踢，妈妈再拍，如此反复。过一段时间，可改变方法，妈妈主动拍打腹部引起宝宝的回应。

对以上的胎教刺激，前两个星期，有的胎儿不会做出明显的反应，有的胎儿在刚开始进行抚摸或按压时就会做出反应，等母亲手法娴熟并能与胎儿配合默契后，胎儿一般都能做出比较明显的反应。随着孕期的增加，胎儿的反应会越来越明显。过几周后，胎儿只要一接触到父母放在腹壁上的手，就会主动要求玩耍。

在抚摸胎儿时，要注意胎儿的反应。如果胎儿对抚摸、推动或拍打的刺激不高兴，就会用力挣脱或者蹬腿反对，这时应马上停止抚摸或推动。如果胎儿受到抚摸后，过一会儿才轻轻地蠕动，可以继续抚摸，持续几分钟后再停止抚摸。抚摸胎儿的时候，还应充满柔情地对胎儿说话，让胎儿更强烈地感受到父母的爱意。

抚摸胎教要注意的事情

抚摸胎教能促进胎儿智力发育、加深父母与胎儿之间的感情，但是进行抚摸胎教时需要注意以下几点：

A.对胎儿的抚摸训练应该在胎动比较频繁时，即胎儿醒着的时候进行，如起床后和睡觉前，应避免在孕妈进食后进行。

B.抚摸或按压胎儿时，动作一定要轻柔，不可太用力，以免引起意外。

C.抚摸胎教的时间不宜过长，每天做2～3次，每次5分钟左右。

D.如果孕妈有习惯性流产、早产史、产前出血及早期宫缩等状况，则不宜进行抚摸胎教。

E.孕妈在怀孕中后期，如果出现不规律宫缩，腹部一阵阵变硬，就不应该再做抚摸胎教，以免引起早产，可以改用音乐胎教或语言胎教。

运动胎教

什么是运动胎教

运动胎教，是指孕妈进行适当的体育锻炼，以促进胎儿大脑及身体的健康发育，并且有利于孕妈正常妊娠及顺利分娩。

运动能使孕妈吸入更多的新鲜氧气，加速体内废物的排出，有效地缓解孕期的不良反应，转变孕妇的心情，让胎儿能够更加顺利地度过整个孕期。

通常，胎儿是通过脐带来摄取氧气或营养，适当的运动能让母亲充分地摄取氧气，胎儿的大脑就会因为充足的氧气而变得灵活。

适合孕妈的运动项目

孕妈应慎重选择运动项目，最好选择可以和伴侣或者朋友一起参与的项目。那些剧烈的、易摔倒、易失去平衡或者易损伤腹部的项目，如骑马、高山滑雪或打篮球、排球等运动都不应参加。运动应以不感到劳累为宜。

适宜孕妇进行的运动项目有：

散步。孕妇最好的运动莫过于散步，它可促进血液循环，增加肺活量，可以提高神经系统功能和心肺功能，增加新陈代谢，加强肌肉活动。孕妈可以每天走半小时，如果上下班路程不远，可以不乘公共汽车，而改步行。

散步宜选择在空气清新的绿地、公园等处，不宜走太快，以免造成疲劳或对身体震动太大而影响胎儿。

做瑜伽。孕妈瑜伽和普通的瑜伽是不同的。孕妈练习瑜伽可以增强体力和肌肉的张力，增强身体的平衡感，使孕妈身体的肌肉组织变得更柔韧、灵活，同时还可以改善睡眠，消除失眠。

跳舞。专家认为慢步交谊舞是孕妈的一项很好的活动，孕妈在整个孕期都可以跳，这有利于身心的调节和健康。但是，应注意不要过于劳累，跳舞场所的空气要新鲜。

做孕妇体操。有一种孕妇体操很适合用作运动胎教，这是专门为孕妇设计的体操，运动量不大，而且对胎儿的健康很有好处。

运动也有禁忌，应在医生指导下进行。如果孕妇有子宫颈无力症病史，或有早产、反复流产史，或已经确诊的心脏病，有妊娠初期高血压等情况，则不能参加运动。

不适合孕妈运动的情况

女性怀孕以后，其运动习惯都有一定程度的改变，但孕妇不论产前有无运动习惯，在产前初诊时都要向医生请教有关运动的问题。如果想晚些时候开始运动或改变运动计划，行动之前也要先听取医生的意见。如果孕妇出现以下情况，则不能参加运动。

有子宫无力症病史，或者有早产、流产史。子宫颈无力症，即子宫颈在子宫日益膨胀与胎儿的压力下，不到成熟期便扩张，造成流产、早产。因该症不会自动痊愈，怀孕后流产、早产的现象会一次又一次地发生，所以在确诊之后（一般为妊娠4个月以后），可运用各种手术方法将子宫颈缝合起来，至孕足月拆除缝线使胎儿自然分娩。有该病史的孕妇不宜运动，以避免流产、早产。

出现高血压症状的。如果孕妇的血压与基础血压（通常以第一次产前检查为准）相比，收缩压高出4kPa，舒张压高出2kPa，就必须加以重视，注意休息，及时治疗，避免运动，因为运动可以使血压升高。初期的妊娠高血压如果不及时控制，很容易发展为严重的妊娠高血压综合征、先兆子痫，危及母婴生命。

确诊有心脏病的孕妈。这类孕妇更不宜参加运动，运动避免不了增加“带病工作”的心脏的负担，容易出现心力衰竭的情况。

关于胎教的那些事儿

怀孕才一二个月，胎教有用吗

有人说："宝宝在孕妈肚子里，看不到、听不到，谈教育不是很奇怪吗？"我们说，胎教并不是一种直接作用于胎儿的教育方式，在胎儿不具备听力和思维能力的时候，胎教更倾向于"保胎"，简单地说，就是通过各种合理、科学的方式方法，让孕妈尽量处在比较优质的环境中，使孕妈的身心得到最大限度的放松和调理，从而达到让胎儿获得更好的发育环境的目的。一般情况下，胎儿在7个月（28周）左右的时候，宝宝的听觉神经系统已形成，对外界的声音刺激反应比较明显，这个时候的胎教反馈会比较直观，孕妈能够感觉到胎动的真实存在。因此，不论胎儿对外界的声音、光源是否有反应，我们都不能否认胎教对胎儿的影响，毕竟胎儿是有生命的。

胎教应该从什么时候开始

胎教从什么时候开始最好？这是很多人都很关心的问题。理论上讲，应该从择偶时就开始。选择配偶时就应考虑对方的思想品质、性格气质、健康状况、相貌、教养以及彼此的感情等因素，父母对下一代的影响是巨大的，例如孕前的营养及身体调理，可使精子和

卵子的质量得到保障。

专家认为胎教进行得越早越好，但是，这并不意味着，怀孕期已过半，再做胎教就失去了意义。胎教对任何阶段的胎儿来说，都不会过晚！古人认为，宝宝的年龄应该在出生的基础上加一岁，也就是通常所说的“虚岁”。事实上虚岁并不是平白地多算了一岁，在这段时间里，胎儿不但已经有了生命，而且听觉、视觉、记忆和思维等功能也已经开始发育。研究结果表明，胎儿发育到第4周时，神经系统已经开始发育，胎儿从第5周开始即有较复杂的生理反射功能，10周时已形成感觉、触觉功能。胎儿在20周左右，开始对声音有反应，第26周听觉反应开始发育，第28周能够对音响刺激做出反应，30周时具有味觉、嗅觉和视觉功能，能听到妈妈的心跳和外界的声音。所以说，胎儿期是人的一生中生长发育最为迅速、最为关键的时期。这时妈妈的一举一动都能影响胎儿，是对胎儿进行教育的重要时期。

为了使胎儿在良好环境中发育，任何对胎儿有影响的因素都要加以考虑，其中良好的影响因素就是胎教。妊娠之后，胎儿逐渐有了各种感觉的时候，就可以适时进行各种直接胎教。

胎教为什么能促进宝宝的生长发育

科学研究表明，大脑细胞分裂主要是在胎儿期完成的，它有两个高峰期。第一个高峰期是怀孕的2～3个月，第二个高峰期是怀孕的7～8个月。人的大脑依靠神经细胞、神经纤维和突触传导的生物电完成复杂而迅速的信息处理任务。

大脑的神经纤维越多越复杂，突触越多，则神经细胞间信息交换越频繁、联系越紧密，人也就越聪明。如果在脑细胞分裂增殖的高峰期，适时地供给胎儿丰富的物质和精神营养，脑细胞的分裂便可拥有良好的条件。

调查显示，受过胎教的孩子比起没有受过胎教的孩子，智商和情商有明显的优势。人的大脑中神经纤维和突触的70%是在3岁以前形成的，4岁以前大脑发育基本定型，到6～7岁已形成90%，而到12岁的时候就全部形成了。因此，胎儿、婴儿和幼儿时期教育相比学校教育同等重要。孕期3个月时，胎儿内耳已发育较好，大脑已开始发育，到孕期6个月的时候，胎儿的大脑细胞构筑基本类似成人，在这一时期给以适当刺激（胎教），对促进宝宝大脑发育是十分有益的。

接受过胎教的宝宝有哪些特点

情绪稳定。经过胎教的孩子身体健康，体内营养充足，很少有不适感。夜晚能安静睡眠，很少哭闹。虽然婴儿在饥饿、尿湿和身体不适时也会啼哭，但得到满足之后啼哭会较快停止。

感音能力好。每当听到妈妈的脚步声便会停止啼哭。孩子比较容易养成好的生活规律。如在睡前播放胎教音乐或妈妈哼唱歌曲，婴儿就能很快入睡，满月后就能养成白天玩耍、晚上睡觉的习惯。

音乐感强。经过音乐训练的孩子乐感都很强，喜欢音乐。听到音乐，便表现出非常高兴的样子，并随韵律和节奏扭动身体。

能较早地交流。受过胎教的婴儿出生2～3天就会用小嘴张合与大人“对话”，20天左右就会笑，2个多月就能认识父母，3个多月就能听懂自己的名字。

更多继承父母的优点。在胎儿形成和发育过程中，父母多以良好的品性来诱导胎儿，加上胎儿本身具有的巨大的学习潜能，良好的教育，必然能培养出拥有良好品行的胎儿。

理解能力强。受过胎教的婴儿在4个半月时能认出第一件东西，6～7个月时能辨认手、嘴、水果、奶瓶等。能较早理解“不”的意思，早期学会理解“不”的孩子更懂事、更听话。还会较早学会用动作表示语言，会做“欢迎”“再见”“谢谢”等动作，也能较早理解别人的表情，所以显得特别聪明可爱。

运动能力良好。受过胎教的孩子能较早学会抬头、翻身、坐、爬、站、走，动作敏捷、协调；小手的伸张抓握能力强，手握、拿、取、拍、打、摇、捏、扣、穿、套、绘画等能力强；四肢活动有力，肌力强，抚摩其肢

体，会立即高兴地四肢挥动；扶坐时颈部肌肉张力好，抬头、吮手能力强。

语言能力发展快。有的孩子2～3个月就能发“a、u、ba、ma”的音，4个月会发几个辅音，半岁发出的声音能表达一定的意思，如发“爸、妈、爷、奶、姨”的音，9～10个月时，就会有目的地叫爸爸妈妈了，一岁会说2～4字句，20个月左右便能背诵整首儿歌，并且能数数，入学后成绩普遍都比较优秀。

学习兴趣高。受过胎教的宝宝，喜欢听儿歌、故事，喜欢看书、看字，虽然不少宝宝还不会说话，但是学习的兴趣会比较明显。

胎教的基础是什么

对于胎儿来讲，母爱是至关重要的。我们知道，是母亲以极大的爱孕育了胎儿。在10个月的过程中，母亲倾听着胎儿的蠕动，关注着胎儿的成长，祈求着胎儿的平安，并积极地把爱付诸行动，精心照料着腹中的生命：增加营养、锻炼身体，避免有害因素的刺激，创造良好的孕育环境，施行胎教，最后又忍受着痛苦的煎熬使胎儿降生到了人世间。

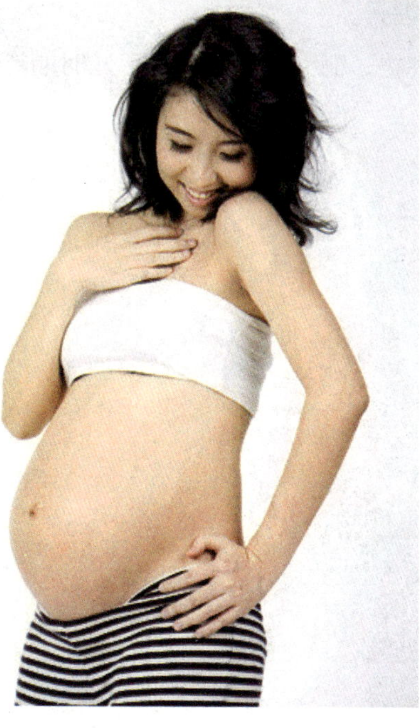

胎儿在整个孕育过程中，母亲的情感逐步得到升华，产生出一种对胎儿健康成长极为重要的母子亲情。正是这种感情，使意识萌发中的胎儿捕捉到爱的信息，并融入胎教机制中，为胎儿形成热爱生活、乐观向上的优良品格打下基础。

令人遗憾的是，在当今这个物质文明比较发达的社会里，有些年轻女性习惯以自我为中心，把胎儿作为自己的附属品，缺乏足够的母爱。因此，这样的母亲往往接收不到来自腹内胎儿的信息，错过了与胎儿之间情感交流的难得时机。显然，这对孕妈来说是一种莫大的损失。

因此，每一位孕妈都应充分认识自己的使命，在妊娠每一天的活动中，倾注伟大的母爱，仔细捕捉来自胎儿的每一个信息，母子之间进行亲切友好的交流，以一颗充满母爱的心，浇灌萌芽中的小生命，这就是胎教的基础。

胎教与胎儿的性格有关系吗

我们知道，胎儿在母体内的表现各不相同：有爱动的胎儿，也有不爱动的胎儿，出生之后，有的婴儿喜欢睡觉，有的婴儿喜欢睁着眼睛张望，有的婴儿喜欢手足乱动。甚至对于哭这个唯一的表达方式，婴儿们的表现也不一样，有的婴儿喜欢大声嚎哭，有的婴儿喜欢长时间低声哭泣。

美国的布拉泽尔顿博士曾使用一种独特的观察方法，利用手电筒的光、拨浪鼓，或通过抱、哄等各种方式来观察婴儿的反应快慢、强弱，注意力的持续程度，以及适应能力和精神稳定状况等有关个性的基本特征。从观察结果来看，即使出生当天的婴儿，表现也不一样。受过胎教的婴儿能紧紧盯住博士手里的玩具，当博士上下左右移动玩具时，婴儿的眼睛也会追随着玩具转动。而没受过胎教的婴儿看了一下马上就不再看了。受过胎教的婴儿，安抚一下就立即停止哭泣，部分没受过胎教的婴儿则没有那么容易安静下来，差别很大。

婴儿的这些表现体现了他们不同的性格，而性格的不同在胎儿时期就已经形成了。由于母体内环境和母子组合的不同，胎儿们形成了不同的性格。胎儿的性格形成与母亲妊娠期间的环境、生活方式、身体状况等因素有密切关系。

胎教谁是主角儿

母体既是胎儿赖以生存的物质基础，又是胎教的主体。一方面，母体为胎儿的生长发育提供了一切必要的条件，母亲的身体素质和营养状况直接关系到胎儿的体质健康；另一方面，母亲的文化修养、心理情况又不可避免地在胎儿幼小的心灵中打下深深的烙印，对孩子的精神世界产生不可低估的影响。因此，孩子生命中第一任老师的重要角色责无旁贷地落在母亲的身上。

一般情况下，从发现自己的腹内已经萌芽出一个小生命时起，多数未来的母亲便萌生出保护和培养这一幼小生命的责任感和使命感，努力捕捉来自子宫内的任何一点细小的信号，自然而然地开始了和小生命的“对话”，进行着亲切而又温馨的交流。不同母亲在家庭环境、文化素养、道德修养、对胎教的认识与付出的时间和精力，以及倾注的情感等方面有着各自的差异，造成了胎教的不同效果。

因此，每一位即将做母亲的人都应充分认识自己所肩负的责任，尽快地进入“主角”的角色，为孩子的超早期教育做出努力。说到这里，也许有些孕妇会因为自己的文化水平不高等因素感到气馁，对胎教缺乏信心。其实，在胎教过程中最为关键的莫过于母亲的爱，付出一切可能的精力和时间，倾注全部的爱心，那么你未来的孩子就一定会令你满意。

准爸爸在胎教中的作用是什么

准妈妈是胎教的主角，而准爸爸就是准妈妈的第一助手。胎教不是准妈妈一个人的事情，准爸爸参与胎教也是十分重要的。

首先，准爸爸和准妈妈一起精心选定了受孕的最佳时机，并以其最佳状态参与了造就新生命的全部过程，奠定了胎教的基础；其次，他又在制造有益的胎教氛围、创造良好的胎教环境以及调节孕妇的胎教情绪等方面发挥着重要的作用。胎儿是夫妻爱情的结晶，准爸爸应该经常和胎儿说话、讲故事，多与胎儿进行交流。丈夫要关心、体贴妻子，使妻子在怀孕期间保持愉快的心情，保证妻子有充足的营养，多陪妻子散步，主动分担家务，和妻子一起选择胎教音乐，购买有趣的童话故事书及文学著作，协助妻子记好胎儿日记，每天为妻子听胎心。

有资料显示，做孕检时有丈夫陪同的情况下，可以增进和胎儿的感情，建立良性互动。通过屏幕上出现的胎儿形态，让夫妇俩更清楚地感受到孕妈腹中成长的生命，不再是抽象的想象，而是具体的影像。当他们看到屏幕中的小宝宝会招手，会打呵欠，想必会更珍惜这个小生命。

因此，每一个未来的父亲都应充分意识到自己的责任，及时准确地进入角色，用博大深厚的父爱滋润、培育未来的小宝宝。

如何树立正确的胎教观

胎教的部分效果可以用仪器测定，如受胎教胎儿的胎动、胎心情况比没受胎教的胎儿要好；受胎教的胎儿受到刺激后的应激反应比没受胎教的胎儿灵敏，等等。各种胎教实验也证实受胎教胎儿的行为表现和智能反应优于没受胎教的胎儿，这表明胎教效果是客观存在、毋庸置疑的。

但是，也有一些父母抱怨说："当初我们积极胎教，又是朗读诗歌又是听音乐，结果也没生出个神童来。"其实，胎教的本质并不是追求生出神童或天才，而是在于激发胎儿内在的潜力，是为了孩子一生的幸福着想。胎教虽然能够改善胎儿的素质，但并不能保证所有受过胎教的胎儿出生后都能成为智慧超常的神童或小天才。儿童成为小天才或神童的因素有很多，除了胎教，还会受诸多条件的影响，每个人的遗传基因、身体素质、先天条件、自身文化修养水平、环境因素、父母对胎教实施的程度、孩子的个人兴趣、意志、品德等的不同，都将导致胎教的不同结果。因此，经过胎教的孩子，只是有成为神童的可能性，不可能每一个都是神童。不过胎教有利于胎儿在智慧、个性、感情、能力等方面的发育，有利于胎儿出生后在人生道路上的发展，这一点是可以肯定的。

因此，胎教不是万能的，每对夫妻都应从个人和家庭环境的具体情况出发，不要对胎教存有太高的期望，只要尽力而为就可以了。孩子出生后，更重要的是后天的继续教育。

夫妻关系对胎儿的影响有哪些

如果一个家庭和谐幸福，孕妈的心情就会良好，这有利于为胎儿创造充满爱意的生长环境。处在这样环境中的胎儿，会发育得比较顺利，出生后，往往比较健康。反之，如果一个家庭夫妻不和睦，妻子经常处于忧虑、抑郁、愤怒、怨恨的情绪中，会导致孕妇大脑皮质的高级神经中枢活动障碍，可引起内分泌、代谢过程等发生紊乱，并直接影响到胎儿。国外某研究机构观察，女子怀孕期间与人争吵对胎儿极其不利：在孕早期，如果夫妻之间经常争吵，胎儿会发生唇裂等畸形；孕中晚期，如果夫妻不和睦，争吵谩骂，孕妈精神状态不佳，则会影响胎儿的身心发育。在这样的环境里生长的胎儿出生后，一般会烦躁不安、易受惊吓、哭闹不止、不爱睡觉、经常患病、发育迟缓、怯弱胆小等，而且婴儿因恐惧心理而出现神经质的概率比那些美满和谐、感情融洽的父母所生的孩子要高4倍。

因此，感情融洽不但是幸福夫妻的基本特征，而且是优生和胎教的重要条件。夫妻之间要互相尊重，互相理解，不要为一点小事就争吵不休、互不相让，要共同关注宝宝，让宝宝在和谐、愉快的氛围中成长。

胎儿的能力与心理

胎儿具备哪些能力

记忆能力

正常情况下，孕期到了第3个月，胎儿的脑细胞发育会进入第一个高峰期；到孕期四五个月的时候，胎儿偶尔会出现记忆痕迹；从孕期第6个月开始，胎儿大脑表面出现沟回，大脑皮质结构基本完成；到了孕7月，胎儿大脑的运动神经和知觉神经已经比较发达了，开始具备思维和记忆能力；到了孕8月之后，胎儿的大脑更为发达，大脑皮质表面的沟回已经完成了。

胎儿的记忆力是惊人的。胎儿就像一台不断被输入程序的计算机，各种信息刺激会被存入，特别是反复的刺激。胎儿不但有记忆，还会产生固定的条件反射，这些记忆对胎儿出生后的发育起到很大的影响。

感官能力

听觉。研究表明，在胎儿的几种感觉系统中，最为发达的是听觉系统。胎儿的听觉在发育过程中经不断完善，会很快发挥作用。受孕后第4周，胎儿听觉器官已经开始发育，第8周时耳郭已经形成，这时胎儿听觉神经中枢的发育尚未完善，所以还不能听到来自外界的声音。胎儿26周时，传声系统已充分发育完成并可以发生听觉反应，听力几乎和成人相同。外界传到子宫里的声音或宫内的声音，胎儿就都能听见了。8个月的胎儿能够区别声音的种类，听出音调的高低、强弱，能分辨出是爸爸还是妈妈在讲话。胎儿每天听着母体心脏的跳动声、血液的流动声、肠管的蠕动声等。但令胎儿更感兴趣的是来自母体之外的声音，比如美妙的音乐声、风

吹雨打声、小动物的叫声等。不但如此，胎儿还会有喜欢的音乐，他们喜欢听节奏平缓、流畅、柔和的音乐，讨厌噪声。

总之，凡是能透过身体的声音，胎儿都可以听到。

视觉。以前人们以为，胎儿生活在子宫内，即使到后期眼睛已发育良好，但隔着母亲的肚皮，什么也看不见。然而，事实并非如此，胎儿的眼睛并不是完全看不见东西。

胎儿的视觉比其他感觉的发育缓慢。原因很简单，子宫虽说不是漆黑一片，却也不适于用眼睛看东西。然而，胎儿的眼睛在妊娠第2个月时，就已开始发育；从第4个月起，胎儿对光线就非常敏感，但胎儿并不睁眼；胎儿在6个多月时有了开闭眼睑的动作，特别是在孕期最后几周，胎儿已经能运用自己的感觉器官了。直到第8个月时，才尝试睁开眼睛。为了证实这一点，有人曾用手电筒有节奏地照射孕妇的腹部，发现胎儿会睁开双眼，把脸转向光亮的地方，他看见的是一片红红的光晕，就像用手电筒照在手背时从手心所见到的红光一样。同时，胎儿的心率也随之发生有规律的变化。母亲进行日光浴时，胎儿就可通过光线强弱的变化感觉到。

因此可以说，胎儿的视觉功能虽然还很不完善，但并不等于没有。

触觉。妊娠第2个月时，胎儿就能扭动头部、四肢和身体。再大些，隔着母体触摸胎儿的身体，胎儿就会做出相应的反应。胎儿4个月时，如果母亲的手放在腹

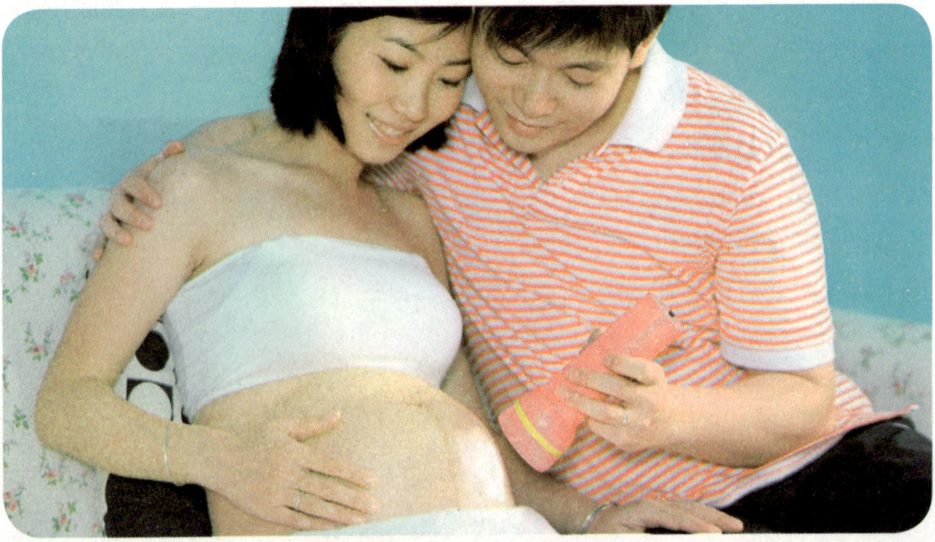

部偶尔摸到胎儿的脸，胎儿就会做出皱眉、眯眼等反应。如果母亲用手在腹部轻压，胎儿也会伸出小手或者小脚在同一个位置踢一下或打一下，好像告诉母亲他感觉到了。

通过胎儿镜观察，会发现胎儿的许多可爱表现：当接触到胎儿的手心时，胎儿会握紧拳头，而接触到嘴唇时，会努起小嘴做出吮吸的样子。这一切都充分地说明了胎儿触觉功能的存在。

嗅觉。妊娠第2个月，胎儿的鼻子开始发育，到了第7个月，鼻孔就能与外界相互沟通，出生前嗅觉已发育成熟。只不过由于胎儿被羊水所包围，虽然已经具备了嗅觉，却没法应用，嗅觉功能也就不可能得到较大的发挥。

不过，胎儿一出生，嗅觉就能派上用场。新生儿在吃奶时能闻出母亲的气味，以后只要一接近母亲就能分辨出来。

味觉。胎儿的嘴巴是从妊娠第2个月开始发育的。在妊娠4个月时，胎儿舌头上的味蕾已发育完全。尽管羊水稍具咸味，胎儿还是能够津津有味地品尝。

新西兰科学家艾伯特·利莱通过一个简单的实验证明胎儿的味觉在4个月时已经出现。他在孕妇的羊水里加入了糖精，发现胎儿会以高于正常值一倍的量吸入羊水。而当他向子宫内注入味苦的碘时，胎儿对羊水的吸收速度会显著放慢，并开始在腹内乱动，明显地表示抗议。可见，胎儿的味觉已经能分辨味道了，并喜欢甜味。

生活能力

学习。人们都说婴儿是一张白纸。其实，早在胎儿时期这张白纸就已经开始描绘图画了。胎儿对于包围自身的羊水，会不时地吞咽几口，品尝一下；母亲子宫的血流声、肠管的蠕动声以及心跳的搏动声，对于胎儿来说无异于美妙动听的曲子，通通被收入大脑，储存进记忆系统，以至出生后依然念念不忘；对于外界传来的音乐声，胎儿也颇感兴趣，转动头部，让耳朵贴近外部世界认真倾听。久而久之，一旦这种声音传来，胎儿便产生一连串的动作做出反应。

鉴于胎儿这种潜在的学习能力，母亲在妊娠期间，尤其是后半期应强化与胎儿的交流，及时施行胎教，通过各种可能的渠道，使胎儿接受有益的刺激，获得良好的胎内教育。

总而言之，子宫内的小生命具有出色的学习能力，他会利用一切可能的机会抓紧学习。

做梦。1968年，比利时一位女医生给100多位孕妇进行了试验，在她们的头部通上12个电极，连在一个电子设备上。这种设备能检测出大脑的8种主要活动，其中包括做梦。医生又在孕妇的下腹部接上电子设备，记录胎儿的运动情况。结果观察到，就在母亲开始做梦的同时，已经有8个月的胎儿跟妈妈有同样的特点，身体停止活动，眼珠迅速转动，这说明胎儿也在做梦。

所以，一些科学家认为：孕妇在怀孕过程中，能把她所想、所闻、所见到的一些事情变成思维信息，不知不觉地传给胎儿。对胎儿进行教育是很有道理的，也是很必要的。

吞咽。根据医学研究发现，胎儿5个月时，就会喝水了，当然，这时候只能喝羊水。胎儿喝入的羊水中混杂脱落的上皮组织等物质，经胎儿体内形成胎便，又排入羊水中。你也许会惊呼：多脏呀！请不要担心，因为羊水每隔大约3小时就要更换一次，所以没有被污染的问题。喝水其实就是一种吞咽的技能，胎儿的这种本能能提高其离开母体以后的生存能力。

打嗝。超声波扫描可以看到胎儿打嗝，这可能是胎儿为了试图呼吸而进行的胸廓运动，这种运动可以促使胎肺膨胀和发育。不过胎儿并不需要呼吸，因为胎儿所需要的氧气是通过脐带由胎盘输送到血液内的。

胎儿打嗝时，孕妇腹部出现阵发性跳动，这种跳动与胎动不同，比较短促且有节奏感，可以用手摸到。胎儿打嗝的时间没有规律，基本上每天3～5次，绝大部分胎儿的打嗝频率在3～5分钟之间，频率慢的每分钟不到10次，快的则可以达到50次以上。

吮吸。婴儿会吸吮手指很正常，但是你知道吗，胎儿也会吸吮手指、脚趾。难以想象吧，胎儿吸吮着手指在子宫内生活。超声波诊断装置被应用后，人们可以清楚地观察到胎儿的一举一动。令人惊奇的是，胎儿居然整天都在吸吮手指。这是怎么回事呢？研究人员解释说，这意味着胎儿的唇部已有触感，所以才把手指放入口中吸吮。因为胎儿已经会吸吮东西，所以，初生婴儿不用人教，就会吸吮妈妈的乳汁，任何东西放在嘴里，都会进行吸吮运动。

睡觉。胎儿跟婴儿一样，大部分时间都在睡觉，而且是时睡时醒的。一般来说，胎儿有20％的时间在熟睡，每次约持续20分钟；67％～70％的时间浅睡，每次持续的时间比熟睡长；其余的一点时间才是清醒的。胎动可以表示胎儿的状态：如果动得起劲，表示胎儿是清醒的；如果一动也不动，即使你摇他、吵他，他也不动，那表示胎儿睡得正香；如果你稍微摇动就把他吵醒，那表示胎儿处于半睡半醒之间。胎儿浅睡是大脑发育的必要条件，所以孕妇在孕期尽可能掌握宝宝的睡眠规律，多和胎儿交流，这样有利于大脑发育。

另外，胎教要趁胎儿清醒时做，他才能专心，不至于打瞌睡。

胎儿的心理

胎儿在孕育过程中，个人的性格、气质特点就已开始萌芽，包括爱、憎、忧、惧等不同情感。新近的研究表明，胎儿在子宫里不仅有感觉，而且还能对母亲细微的情绪、情感差异做出敏感的反应。

澳大利亚的洛特曼博士通过长时间

地观察和分析，得出结论：母亲对胎儿的态度、对孩子出生后的心理有很大影响。他研究了114名女子从妊娠至分娩的全过程，并将她们分为四类，这四类母亲对孩子心理的影响各不相同。

理想母亲

经过心理测验，这类母亲盼望孩子的到来，无条件喜欢自己怀上的孩子。她怀孕时感觉最佳，分娩最顺利，她的子女在感情和体质上都很健康。

矛盾母亲

这类母亲表面上似乎对怀孕很高兴，丈夫亲友也以为她乐意做母亲，但是她内心里又觉得有了孩子很麻烦。这时，子宫里的胎儿能注意到母亲潜意识里的矛盾情绪和母亲内心深处对他的排斥心理。这些胎儿出生后，大部分有行为问题和肠胃问题。

冷漠母亲

这类母亲不想得到孩子，但她潜意识里希望怀孕。这两种信息在某种程度上会被胎儿接受。这类孩子生下后，情绪低落，情感冷漠，昏昏欲睡。

不理想母亲

这类母亲不愿意要孩子。她们在怀孕阶段生病次数多，早产率比较高，生下的婴儿常出现体重过轻或情绪反常现象。

制订你的胎教计划

了解胎儿生长发育的特点

胎教是一个循序渐进的过程，不能操之过急，应该根据胎儿生理发育的特点逐步实施。

孕期1～4个月，是胎儿的快速生长期。这个时期内，神经系统和循环系统都已经开始发育，眼睛、耳朵、消化系统、肺等器官开始形成，这也是胎儿手脚发育的重要时期。此时胎教的基础是营养，其次是良好的环境。其实，在整个孕期，孕妇都要尽可能避开各种污染，比如二手烟、汽车排放的尾气等；其次要注意饮食营养均衡，按照医生的嘱咐补充各种营养，咖啡、可乐等刺激性的食物要少吃。

孕期4～5个月，可开始进行音乐胎教。每日2次，每次3～5分钟。音乐胎教要持续到分娩前,怀孕第5～7个月时，可用两首乐曲轮流播放，父母还可以和胎儿说话或唱歌，每日2次，每次5分钟。怀孕7个月后可以正规上课，每日3次，每次5～10分钟，早上讲故事或唱歌，下班后听音乐或文字训练，晚上临睡前进行音乐和文字训练。

4个月以后，孕妈最好不要长期待在环境嘈杂的地方，如歌舞厅、建筑工地等。听音乐时，千万不要把耳机或者音箱扣在肚皮上。因为胎儿的听觉正在发育，嘈杂刺耳的声音会损害胎儿的听觉。孕妈在情绪低落时，身体会分泌有害的激素，影响胎儿的神经发育和营养吸收。所以，孕妈要懂得稳定自己的情绪，就是最佳的胎教。

大概在5个月的时候，胎儿对妈妈的情感会有反应。所以孕妈要保持良好的心情，跟胎儿进行情绪上的交流。当心情不好的时候，需要转移注意力，如多做冥想，可以想象蓝天白云，青山绿水。可以欣赏一下喜欢的画作，听听喜欢的音乐，也可以做深呼吸。挺胸收腹，做吸气的同时提肛收腹，深呼吸一定要缓要深，这样才有效。可以每天做2～3次，每次做15分钟左右。在5个月之前，胎儿只能感知轻微的振动，还听不到任何声音。到5个月时，胎儿的听觉已经开始发育，在6个月的时候，胎儿的听觉逐渐发达，可以分辨妈妈的声音和周围的响声。孩子在肚子里，睡眠的时间多，清醒的时间少。第一次只做5分钟，以后慢慢地增加，最多也只能增加到10～15分钟，时间从每天1次，每周2次，增加到每周做4次，每天做3次。音频的频率和强度要适宜，分贝不能超过65分贝，就是听起来刚好能听清楚就好，并且感觉不到刺耳。

孕期5～7个月，宝宝最喜欢妈妈的声音。胎儿在肚子里就可以先熟悉妈妈的声音，增强彼此的感情交流。爸爸说话比妈妈更有效，因为男性的声音具有穿透力，更容易穿透腹壁进入到胎儿的耳朵里。由于脑神经系统发育，胎儿也开始能直接感受到妈妈的情感，所以这时候，准爸爸妈妈们千万不要吵架，否则会给胎儿造成不良的心理影响。

孕期8～10个月，可以开始抚摸胎教。胎儿在4个月的时候，已经渐渐产生了触觉，在8个月的时候，胎儿的身体发育就基本成形了，这时候，胎儿可以依自己的意愿活动身体，也开始对外界的声音、动作有了反应，妈妈摸着肚子可以感受到孩子的身体，也可以感受到孩子的动作和情绪。

制订计划并实施

当胎宝宝安然地在腹中一天一天长大时，准爸爸妈妈们对胎教是不是已经跃跃欲试了呢？那就根据自己的作息时间制订一份胎教计划表吧。下面列出的计划事项只是一个参考样式，孕妈在制订自己的计划时，要根据自己的具体情况而来，除此之外，还必须坚持下去，这样的计划才有意义哦。

	时间	生活内容	胎教内容
孕期前4个月胎教计划表	6:30	起床洗漱，整理房间	向胎宝宝问早上好（准爸爸可以和孕妈一起问候），并说说话
	7:00	早餐	营养胎教
	7:30	上班途中	可进行语言胎教、运动胎教、情绪胎教
	8:00	工作时间	抽空与胎宝宝聊聊天，休息时做做运动，或给胎宝宝讲讲故事，描绘一下身边发生的事情
		如果孕妈不用上班，应做些自己认为有意义的事	可以边做家务边哼唱自己喜欢、熟悉的歌曲，也可以听听胎教音乐
	12:00	中餐	补充营养
	12:40	午休	保证睡眠
	13:30	工作时间	工作间隙注意活动，并适量补充营养
	17:30	下班	途中可进行语言胎教、环境胎教
	18:30	晚餐	营养胎教
	20:00	与准爸爸在一起的时间	散步，或让准爸爸讲自然、社会、科学等百科知识以及自己的所见所闻
	22:00	睡觉	和胎宝宝道晚安
孕5个月到出生胎教计划表	6:30	起床，洗漱，准备早餐	向胎宝宝问早上好（准爸爸可以和孕妈一起问候），并说说话
	7:00	早餐	营养胎教
	7:30	上班途中	可进行语言胎教、运动胎教，情绪胎教
	8:00	工作时间	抽空与胎宝宝聊聊天，休息时做做运动，或给胎宝宝讲讲故事，并适时补充营养
		如果孕妈不用上班，应做些自己认为有意义的事	可做做家务，购买宝宝用品，或散散步，做做瑜伽、体操等运动
	12:00	中餐	保证营养
	12:40	午休	保证睡眠
	13:30	工作时间	工作间隙注意活动，并适量补充营养
	17:30	下班	途中可进行语言胎教、环境胎教
	18:30	晚餐	营养胎教
	20:00	与准爸爸在一起的时间	散步，或做做运动。准爸爸与胎儿互动，语言胎教
	21:00	游戏时间	进行音乐胎教、光照胎教
	22:00	睡觉	和胎宝宝道晚安

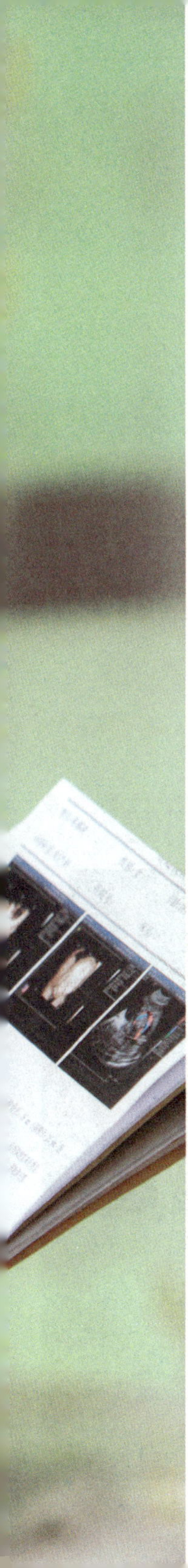

Part 02

孕早期——别急，才刚刚开始

当女性得知自己怀孕的那一刻，除了激动的心情外，更多的还是一种发自内心的责任感。在孕早期，孕妈可能会有各种的不适应，这些不适应不可避免地会对胎儿产生影响，我们需要做的就是通过孕妈和准爸的积极参与，从情绪、运动、饮食等方面尽可能地营造有利于胎儿发育的内外环境，从而促进胎儿的健康成长。

孕1周——宝贝，你在哪儿呢

胎宝、孕妈的悄悄话

孕妈： 宝宝，妈妈知道你还没有来到我身边，但是我们是那么期待你，我和你爸爸已经做好了迎接你的准备，我们甚至已经开始想象你的模样。我们伴随着你一路成长的日子，该是多么快乐、幸福的时光！

胎宝宝： 妈妈，你在哪儿呢？你还没找到宝宝，所以宝宝还没有进驻你的身体。妈妈，我很乖，我会耐心等你找到我的。

孕妈要知道

我们通常所说的“怀孕”，应该是从末次月经的第一天开始算的，因此，最开始的1～2周，胎宝宝还不存在。实际上，当精子和卵子结合形成受精卵，经过6～7天后受精卵到达子宫，这样，才开始了真正的受孕。

准爸爸也要参与

怀孕生子可不是孕妈一个人的事，准爸爸除了忙于事业，还要懂得如何与妻子一起享受这10个月的美好时光。准爸爸和孕妈共同努力，创造的不仅仅是一个宝宝，还是一个新家庭。

无论准爸爸之前有没有专门做过家务，但从计划怀孕后，平时的家务，就应该多分担一些。首先拿起围裙，开始做菜吧。多学几道拿手菜，或者按照妻子的口味烹调。准爸爸还要提醒孕妈每日要服用叶酸，陪孕妈一起吃对身体有好处的食品。

准爸爸每天除了和孕妈聊天交流外，在休息的时间里，还要和孕妈一起散散步，或是陪孕妈一起做她喜欢做的事情，总之，从现在开始，多花些时间陪在孕妈的身边吧。

胎教计划ABC

A.美食推荐

木耳炒虾球

【原料】黑木耳20克，虾仁150克，荷兰豆80克，胡萝卜片、红椒片各30克。

【调料】植物油、食盐、醋、料酒各少许。

【做法】黑木耳泡发好洗净后撕成小片，荷兰豆去筋后洗净，焯烫备用；虾仁洗净加料酒腌渍一会儿；锅中放油烧热，放入黑木耳、荷兰豆、胡萝卜、红椒片一起炒至五成熟，再加入虾仁，一同炒至食材均熟后加入食盐、醋炒入味即可。

点评：孕早期应多吃些清淡、易消化的食物，黑木耳含铁比较丰富，搭配虾仁，能养血驻颜，还能补虚强身。

B.孕妈须知

由于孕期第一周，孕妈的身体没有什么变化，但是孕妈要做好各方面的准备，注意生活中的一些细节，以保证受精卵正常落地。

首先，衣着上要宽松、舒适、清洁、冷暖适宜，不宜穿鞋底光滑的鞋。其次，禁止洗热水浴（水温在42℃以上）和蒸桑拿，洗澡时腹部不要用力搓揉，阴部清洗应用不含化学成分的用品。再次，保证夜晚睡眠在8小时以上，尽量养成午休小睡的习惯，这时候的睡眠姿势可随意，不必过分强调。最后，节制性生活，如果需要，应该次数减少，时长降低，性交时不能压迫孕妇腹部，动作轻柔，男性生殖器不宜插入太深。

C.美文欣赏

下面是泰戈尔散文《开始》。生命在于开始，蕴藏着无限的爱意，请细细感受吧。

开 始

【印度】泰戈尔

“我是从哪儿来的？你，在哪儿把我捡起来的？”孩子问他的妈妈说。

她把孩子紧紧地搂在胸前，半哭半笑地答道——

“你曾被我当作心愿藏在我的心里，我的宝贝。

“你曾存在于我孩童时代玩的泥娃娃身上；每天早晨我用泥土塑造我的神像，那时我反复地塑了又捏碎了的就是你。

“你曾和我们的家庭守护神一同受到祀奉，我崇拜家神时也就崇拜了你。

“你曾活在我所有的希望和爱情里，活在我的生命里，我母亲的生命里。

“在主宰着我们家庭的不死的精灵的膝上，你已经被抚育了好多代了。

“当我做女孩子的时候，我的心的花瓣儿张开，你就像一股花香似地散发出来。

“你的软软的温柔，在我青春的肢体上开花了，像太阳出来之前的天空里的一片曙光。

“上天的第一宠儿，晨曦的孪生兄弟，你从世界的生命的溪流浮泛而下，终于停泊在我的心头。

“当我凝视你的脸蛋儿的时候，神秘之感湮没了我；你这属于一切人的，竟成了我的。

“为了怕失掉你，我把你紧紧地搂在胸前。是什么魔术把这世界的宝贝引到我这双纤小的手臂里来的呢？”

孕2周——准备好迎接我了吗

胎宝、孕妈的悄悄话

孕妈：亲爱的乖宝宝，爸爸妈妈正在为迎接你而努力，想到将有一个可爱的生命就要到来，妈妈感觉好幸福。你是上天的恩赐，爸爸妈妈一定会非常爱你。

胎宝宝：亲爱的妈妈，现在卵子已经在你的体内经历了第一轮的“淘汰赛”，脱颖而出的优胜者就是我啦，你一定要告诉爸爸抓住这个最佳时机迎接我哦！

孕妈要知道

此时胎宝宝还不存在，但是这几天可能是孕妈的排卵期。耐心地等待吧，此时正是孕妈受孕的关键时期。

准爸爸也要参与

对大多数女性来说，幸福的事是什么？是爱。爱是女性永恒的主题。拥有爱的结晶更是一件幸福的事情。

夫妻彼此相爱，感觉最幸福的时刻就是受孕最佳时刻。夫妻双方的幸福感不但有利于受孕，更有利于胎宝宝的孕育和成长。

本周是妻子的排卵期，抓紧时机，用你的热情主动，营造美妙的亲热氛围，和妻子一起完成这项甜蜜的任务吧！

胎教计划ABC

A.美食推荐

西红柿牛肉汤

【原料】西红柿100克，牛腱肉150克，生姜3～4片。

【调料】米酒5毫升　盐5克。

【做法】将牛腱肉切块，和生姜片一同放入滚水中，氽去血水。西红柿清洗干净后，切成适当大小；处理好的牛腱肉和西红柿放入锅中，加入200毫升水和米酒，捞除表面浮沫；开中火，煮滚后再用小火炖煮1～2小时，等牛腱肉软嫩后，加入盐，稍煮片刻即可。

点评：叶酸是胎儿细胞发育过程中必不可少的营养物质，西红柿是叶酸的主要食物来源，可以适当多吃。

B.孕妈须知

这个时候，可以采取一些方法测试排卵期，以便提高怀孕概率。如用体温计测试基础体温，或用排卵试纸来测试，排卵试纸普通药店都可买到。大多数女性的排卵日是下次月经前14天左右，不同的女性可能会有不同的差异。掌握自己的排卵日更有利于受孕。

孕妇营养食谱主要应以开胃为主，多食用富含蛋白质、维生素和矿物质类食品，少吃大鱼大肉等荤腻食品或大补之物，饮食应以清淡可口为佳。切记不要食用有辛辣刺激性的食物和精制糖果，禁止喝含有酒精的饮料，避免喝浓咖啡、浓茶、可乐等，不要偏食。

C.放松你的身心吧

有一种放松心灵的冥想操，每天早晚冥想一次，可以放松身心、排解压力，对情绪和身体有很大的好处。不妨从现在开始试一试。

第一步：

仰卧在床上，双眼微闭，暗示自己全身放松。头颅、胸腹、四肢，全身的每一处都要放松，排除大脑中的杂念。

第二步：

对自己轻轻地说："我内心非常宁静舒适——我的心灵已经到了一片广阔的天地——沐浴着温暖的阳光和清新的空气——我感到非常舒适惬意——景色很美，我的眼睛被美丽的色彩所充满——我很快乐，感觉心旷神怡。"给自己暗示时，要发挥想象力，想着自己所说的一切。

第三步：

继续暗示自己："我听到了远处有孩子在'咯咯'地欢笑，我也情不自禁地笑起来了——今天是很美好的一天——感受到了内心的喜悦。"暗示时眼睛要轻轻闭上，发挥想象力想着自己所想的一切。

第四步：

全身放松，并仔细体会、感受自己内心的愉悦。然后慢慢睁开双眼，起身下床，保持自己内心的微笑去做别的事情。

孕3周——悄悄发生的变化

胎宝、孕妈的悄悄话

准妈妈：可爱的宝宝，也许你现在已经存在妈妈的肚子里，但是妈妈却毫无察觉，但是别担心，为你的到来，妈妈无时无刻不在准备着。

胎宝宝：亲爱的妈妈，一个顽强的精子经历了千山万水，来到妈妈最棒的一颗卵细胞的面前，我们很快就会结合形成受精卵啦，就要在你的肚子里安营扎寨啦！

孕妈要知道

到了第三周，卵子和精子成功结合形成受精卵，再经过分裂，称为桑葚胚，桑葚胚变中空充满液体，成为胚泡，胚泡到达子宫内膜，子宫内膜是胎盘的雏形，最后发展成为胎盘。

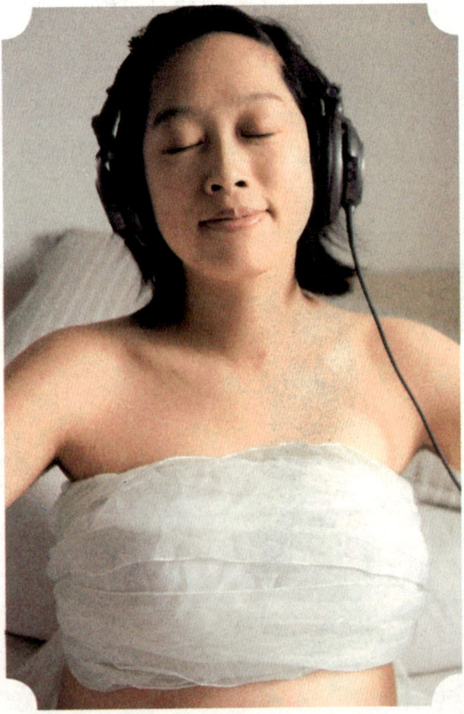

准爸爸也要参与

怀孕之后，孕妈对营养的需求比未孕时大大增加，除了自身需要的营养外，还要源源不断地供给腹内胎儿生长发育所需的一切营养。准爸爸要担当起营养师的重任，确保孕妈补充足够的营养。

怀孕第三周的主要营养物质就是叶酸。叶酸是人体细胞生长和分裂所必需的物质之一，它可以防止贫血、早产，更重要的是可以防止胎儿畸形。因为孕早期正是胎儿神经器官发育的关键时刻，所以所有女性怀孕后都应该补充叶酸。

胎教计划ABC

A.美食推荐

山药豆腐丸汤

【原料】猪肉馅200克，山药400克，豆腐400克，鸡腿菇150克，蛋清、枸杞子、葱花各少许，高汤适量。

【调料】食盐、鸡精、香油、淀粉、生抽各适量。

【做法】豆腐冲净，用纱布包紧，挤去水分，加入肉馅、蛋清和少许淀粉、食盐，拌匀后搓成大小适中的丸子；山药削皮洗净，切成厚片，鸡腿菇洗净切片；锅里加入高汤煮开，下入山药片、豆腐丸子、鸡腿菇片、枸杞子，以中火煮至山药熟烂，加入食盐、生抽、鸡精，滴入香油，撒入葱花煮入味即成。

点评：在孕初期要摄入足量的糖类，才能为孕妈提供足够的热量。山药是糖类的主要食物来源，适量多吃，不仅有益于胎儿脑细胞的正常功能，还能加强孕妈的肠功能。

B.孕妈须知

首先，居室应保证安静舒适、清洁卫生、通风良好、温馨舒适，要让人能保持轻松愉快的心情。

其次，房间温度和湿度应该适宜。室温最好保持在20～22℃，温度太高会使人有精神不振、头昏脑涨的感觉。温度太低也会影响人的正常生活。居室的空气湿度以45%~50%为宜。

再次，居室的色彩搭配应以温和清新为主， 这样的色调能使孕妈内心的烦闷很快消除，心情趋于平和、安详。当孕妈处于这样的居室环境中，神经得到松弛，体力得到恢复，也有利于胎儿大脑的发育。

最后，远离有害的工作岗位。如某些特殊工种，经常接触铅、镉、汞或化学农药等，会增加妊娠流产和死胎的可能性。高温作业、振动作业和噪声过大的工种，均可对胎儿的生长发育造成不良影响。从事电离辐射研究、电视机生产以及医疗部门的放射线工作的人员，均应暂时调离工作岗位，以防损害胎儿。

C.唱首歌吧

下面这首《夏日泛舟海上》是由意大利作曲家威尔第（1813～1901）谱曲，原本是一首英文歌，曲调轻松、活泼，音乐动感十足。著名歌剧《茶花女》《安魂曲》《弄臣》等也是由他所创作。请好好欣赏吧。

夏日泛舟海上

威尔第／曲　费里斯／词　邓映易／译

夏天在大海上，尽情地游荡，
让我们高声唱，多自由多欢畅；
海面起微波，轻风在飘扬，
四周银波闪闪，到处浪花跳荡；
我们心心相连，一切哀怨消尽，
让美神的微笑永远照亮。

让小船飘荡，请听我歌唱，
我和你不分离，相爱永不忘；
船桨齐飞动，快划到海中央，
大家同心合力，再没有悲伤；
我们心心相连，一切哀怨消尽，
让美神的微笑永远照亮。

看远处小鸟，在蓝天飞翔，
歌声多婉转，真令人神往；
就像对我们说，快排除忧伤，
短促的欢乐，须抓住不放；
我们心心相连，一切哀怨消尽，
让美神的微笑永远照亮。

孕4周——妈妈，我来啦

胎宝、孕妈的悄悄话

准妈妈：亲爱的宝贝你终于来了吗？妈妈只要想到你在我的肚子里，就会感到无限喜悦。妈妈会努力给你提供所需的营养和环境，让你无忧无虑地成长。宝宝，我们一起加油！

胎宝宝：妈妈，我已经游进了你的子宫，开始着床了。我的神经管会慢慢开始形成，现在，我还只有约4毫米，您还是感觉不到我的存在哦。

胎宝宝的成长

正常情况下，孕期到了第4周，0.2毫米左右的受精卵游走到了子宫，在子宫内着床，并从母体中吸收养分，这意味着孕妈正式怀孕开始了，一个新的生命正在悄悄地诞生。

孕妈的变化

此时孕妈的身体变化依然不大，由于胚胎太小，母体的雌性激素水平较低，一般不会有不舒服的感觉，体质敏感的人，可能会有类似感冒的症状，别担心，这些都是正常反应。孕后的第一个月，幼小的生命还十分脆弱，需要特殊的照顾和精心的保护，这就要孕妈做好孕期保健，以保证胎儿能够顺利健康成长。

准爸爸也要参与

怀孕后，孕妈容易出现情绪不好、精神疲倦、烦躁不安等反应，准爸爸应该了解相关知识，以便更好地照顾孕妈。确定怀孕后，准爸爸要比以前更加爱护妻子、体谅妻子，要注意做到以下几点。

保证妻子的营养供给。营养不良会影响胎儿的正常发育，因此，准爸爸要特别注意为孕妈安排好饮食，保证营养均衡及胚胎的正常发育。

不要抽烟喝酒，保持生活环境卫生，尽量避免性生活，以免给妻子和胎儿造成伤害。

保持开朗愉悦的心态，陪伴准妈妈就诊，参与每一项孕检过程。

帮助妻子做好情绪胎教。丈夫在情绪胎教中有着义不容辞的责任，应多陪妻子到幽静的地方散步，给妻子看些描述天伦之乐的图书，与妻子适度地开开玩笑，或是陪妻子观看令人开心的影视剧，让妻子与久别的亲人重逢，让妻子参与社交活动，陪妻子做短途旅游等。

总之，要让妻子的情绪始终保持平和、愉悦的状态，从而保证胎儿在母体内健康成长，这可是准爸爸的一项重要任务哦。

胎教计划ABC

A.美食推荐

西蓝花肉饼

【原料】西蓝花100克，猪瘦肉馅200克，面包粉适量，鸡蛋2个。

【调料】盐5克，酱油10毫升，芝麻油5毫升，胡椒粉10克。

【做法】西蓝花掰成小朵后洗净，放入加盐的沸水中氽烫，捞出冲凉后剁碎；将碎西蓝花与猪瘦肉馅搅拌均匀，再加入鸡蛋、酱油、芝麻油、胡椒粉拌匀；肉馅揉成圆饼状，双面沾上面包粉；将肉饼置入160℃的烤箱中，烤20分钟即可。

点评：西蓝花是叶酸的主要食物来源，猪瘦肉富含蛋白质，面粉是糖类的主要食物来源，叶酸、蛋白质、糖类都是孕初期的关键营养素。

B.孕妈须知

首先，远离药物和一切不利因素，以免因初次怀孕不了解身体的反应，误食药物或者疏忽了生活上的细节，导致对胎儿和母体产生不良的影响。

其次，当感觉身体不适时，不要勉强做剧烈的运动，或在此时远游，过度运动可导致一部分人阴道流血，甚至流产。不要接触有毒物质，如烫发、染发等。

最后，在这个阶段孕妈要特别注意自己的衣着起居，特别是在冬、春季节等流感高发期。不要到影剧院、商场等人多的公共场所，以免患上流感影响胎儿的发育等。此外，还要注意室内经常开窗通风，保持空气的新。

C.美文朗读

大自然能给我们最美的感受，下面这篇散文《春》是现当代著名散文家、诗人、学者朱自清所作。他用美丽生动的文字，描绘了一幅生机勃勃的春天图，就像小生命在孕妈的肚子里一样，充满希望，充满喜悦。快来感受一下春天的气息吧。

原文赏析：《春》是一篇满贮诗意的散文。它以诗的笔调，描绘了我国南方春天特有的景色：绿草如茵，花木争荣，春风拂煦，细雨连绵，呈现一派生机和活力。在春境中的人，也精神抖擞，辛勤劳作，充满希望。在这篇“贮满诗意”的“春的赞歌”中，事实上饱含了作家特定时期的思想情绪、对人生及至人格的追求，表现了作家骨子里的传统文化积淀和他对自由境界的向往。

春

朱自清

盼望着，盼望着，东风来了，春天的脚步近了。

一切都象刚睡醒的样子，欣欣然张开了眼。山朗润起来了，水涨起来了，太阳的脸红起来了。

小草偷偷地从土里钻出来，嫩嫩的，绿绿的。园子里，田野里，瞧去，一大片一大片满是的。坐着，趟着，打两个滚，踢几脚球，赛几趟跑，捉几回迷藏。风轻悄悄的，草软绵绵的。

桃树、杏树、梨树，你不让我，我不让你，都开满了花赶趟儿。红的像火，粉的像霞，白的像雪。花里带着甜味儿，闭了眼，树上仿佛已经满是桃儿、杏儿、梨儿！花下成千成百的蜜蜂嗡嗡地闹着，大小的蝴蝶飞来飞去。野花遍地是：杂样儿，有名字的，没名字的，散在草丛里像眼睛，像星星，还眨呀眨的。

“吹面不寒杨柳风”，不错的，像母亲的手抚摸着你。风里带来些新翻的泥土气息，混着青草味儿，还有各种花的香都在微微润湿的空气里酝酿。鸟儿将窠巢安在繁花嫩叶当中，高兴起来了，呼朋引伴地卖弄清脆的喉咙，唱出宛转的曲子，与轻风流水应和着。牛背上牧童的短笛，这时候也成天嘹亮地响。

雨是最寻常的，一下就是两三天。可别恼。看，像牛毛，像花针，像细丝，密密地斜织着，人家屋顶上全笼着一层薄烟。傍晚时候，上灯了，一点点黄晕的光，烘托出一片安静而和平的夜。在乡下，小路上，石桥边，有撑起伞慢慢走着的人；还有地里工作的农夫，披着蓑，戴着笠。他们的房屋，稀稀疏疏的，在雨里静默着。

天上风筝渐渐多了，地上孩子也多了。城里乡下，家家户户，老老小小，也赶趟儿似的，一个个都出来了。舒活舒活筋骨，抖擞精神，各做各的一份儿事去了。“一年之计在于春”，刚起头儿，有的是工夫，有的是希望。

春天像刚落地的娃娃，从头到脚是新的，它生长着。

春天像小姑娘，花枝招展的，笑着，走着。

春天像健壮的青年，有铁一般的胳膊和腰脚，领着我们上前去。

孕5周——我像一只“小海马”

胎宝、孕妈的悄悄话

准妈妈：宝宝，最近像感冒一样的反应越来越明显了，嗜睡、精神倦怠，甚至还有隐隐的恶心感，可是妈妈知道这不是感冒，这是你在提醒妈妈你已经到来啦，并且在一天天长大，一想到这里，妈妈心里别提有多高兴了！

胎宝宝：妈妈，我现在头部开始迅速发育，神经管的上段将形成大脑。胚盘分化出的三胚层中，每一个胚层都分化为不同的组织。这个时期，神经系统和循环系统的基础组织最先开始分化，不过，我还非常非常瘦小，大约长6毫米，如果可以看到的话，会发现我的外形酷似海马。

胎宝宝的成长

受精后的15～56天是胚胎高度变化和器官形成的时期，5周时表现为头大但松弛无力地垂下，已有萌芽状态的上肢和下肢。

孕妈的变化

半数以上的孕妇，在怀孕5～6周时开始有轻重不同的恶心、呕吐、厌食、偏食等现象。如果呕吐是清晨醒来时就发生，最好不要马上起床，应先吃些食物喝点水，如一杯水，或一两片饼干。如果发生在白天，应立刻吃些食物，如一小块馒头、几片面包、饼干或苹果。坐下进食常可使恶心消失。孕妇比较适合吃干燥的、富含糖类的、含有高蛋白的食物，油腻的食物尽量不吃。

孕妇即使是胃口好的时候，也不可大量进食，最好是少吃多餐，避免胃空虚。此外要尽量少进厨房，免得油烟味引起恶心。孕妇即使持续呕吐，也要努力进食。可喝一些略带清凉口味的液体来补充营养。要注意，如果出现非常严重的孕吐现象，就要去医院诊治。

准爸爸也要参与

在孕期生活中，有一半以上的时间是在家庭中度过的，所以要为孕妈创造一个优雅适宜的休养场所。居室内的环境要整洁舒适，空气新鲜，杜绝污染，避免干扰。家具的布置、装饰品的陈设等都应符合胎教环境要求。居室整体色彩应以淡雅宜人为宜，房间内可挂上几张活泼可爱的娃娃画像，还可根据住房情况选择几幅风景画或书法作品悬挂于室内。室内还可养几条金鱼，或摆几盆花、盆景，这样一个优美恬静的休息环境，将使孕妈情绪稳定，精神愉快，会产生意想不到的胎教作用。

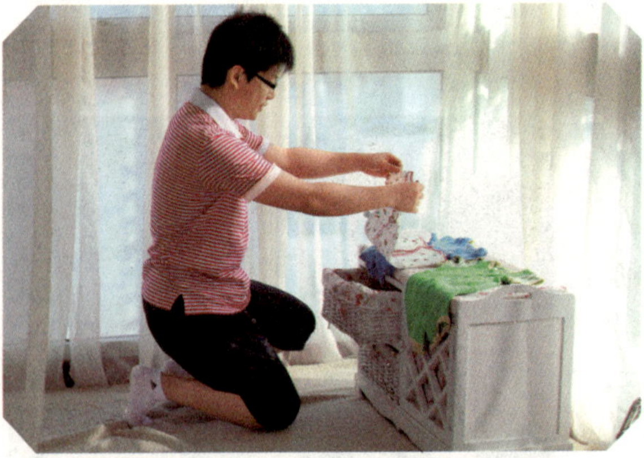

准爸爸除了主动承担家务劳动，体贴关爱妻子，还要丰富孕妈的业余生活，和谐乐观的家庭氛围是胎儿健康发育的基础。处于爱的温暖氛围中的孕妈才会充满幸福愉悦的感觉，胎儿在这种快乐轻松的环境中才能获得良好的心灵感受。

要尽量迁就妻子，多体贴妻子，在她身体不适时要多加照顾。注意劝慰妻子切不可因妊娠反应、体形改变、面部出现色素沉着等而产生不良情绪，不与妻子斤斤计较，注意调节婆媳关系，注意妻子的性情和心理变化，努力创造和睦、温馨的家庭环境。

胎教计划ABC

A.美食推荐

酿豆腐

【原料】嫩豆腐350克，猪肉200克，鲜虾80克，鸡蛋清、葱花适量。

【调料】盐、生抽、白糖、淀粉、鸡精各适量。

【做法】将嫩豆腐洗净，切成大小适中的块，再将豆腐块中间挖空（不要挖穿）；将猪肉洗净，加入鸡精、盐、白糖、鸡蛋清、淀粉搅匀成馅，酿入挖空的豆腐中；鲜虾去壳和泥肠洗净，一剖两半，放入肉馅上，再淋入生抽，撒上葱花，入锅中蒸至肉熟即可。

点评：豆类制品的脂肪含量很高，孕期到了第5周，正常情况下，胚胎已开始发育，孕妈需要的热量相对较高，而且豆制品对于大多数孕妇来说，不存在难以接受的问题，因此对处于孕早期的孕妇，是不错的选择。

B.孕妈须知

选择一所你所信赖的、口碑较好的医院，开始产前保健。

少到或不到人多的公共场合，尽量避免患上传染病，以免对胎儿发育产生影响。

要注意补充水分，多喝白开水。上班前别忘了在包里带上点水果。有条件的话，也可以带些可口的饭菜作为工作午餐。

注意营养，适量补充优质蛋白质。

由于妊娠反应和体质的变化，孕妈也许会感到心情焦躁，要注意控制情绪，可以听听音乐，做做深呼吸。

整理居室环境，把可能绊脚的物品重新归置，将常用物品放在方便取放的地方，在卫生间及其他易滑倒的地方加放防滑垫，避免可能的意外发生。

C.唱首歌吧

孕妈的情绪在这个时期是比较敏感的，所以多听听韵律平和缓慢的歌曲，有助于孕妈情绪稳定。下面这首《让我们荡起双桨》是乔羽是1955年拍摄的少儿电影《祖国的花朵》的主题曲。2002年，该歌曲在北师大版小学三年级课本上被选为课文。童年的歌总是令人难忘，请慢慢欣赏吧。

让我们荡起双桨

乔羽 / 词　刘炽 / 曲

让我们荡起双桨，
小船儿推开波浪，
海面倒映着美丽的白塔，
四周环绕着绿树红墙，
小船儿轻轻飘荡在水中，
迎面吹来了凉爽的风。
红领巾迎着太阳，
阳光洒在海面上，
水中鱼儿望着我们，

悄悄地听我们愉快歌唱，
小船儿轻轻飘荡在水中，
迎面吹来了凉爽的风。
做完了一天的功课，
我们来尽情欢乐，
我问你亲爱的伙伴，
谁给我们安排下幸福的生活，
小船儿轻轻飘荡在水中，
迎面吹来了凉爽的风。

孕6周——看到我的小心脏了吗

胎宝、孕妈的悄悄话

准妈妈： 宝宝，最近妈妈身体持续出现慵懒发热、食欲下降、恶心呕吐，甚至情绪不稳，常常想要发脾气，这样可不好，妈妈的情绪会影响到你。宝宝，妈妈会尽量保持舒畅的心情，因为有你在。

胎宝宝： 妈妈，我现在长得可快了，心脏已经开始搏动，也有血液在细小的血管里面流动了。上周发育的神经管这周已经连接了大脑和脊髓，消化管道开始形成，胃及胸部正在发育。妈妈，看到我这么健康地成长，你高兴吗？

孕妈的变化

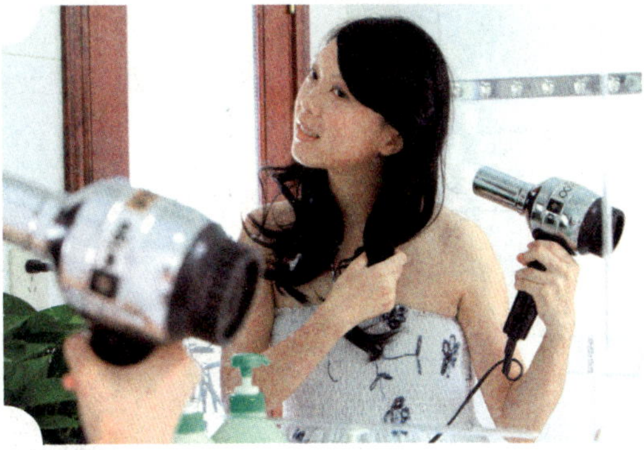

在怀孕的第二个月期间，母体为适应胎儿生长发育的需要，发生了一系列的变化，如皮肤的新陈代谢旺盛，孕妇的汗腺和皮脂腺分泌增多，并且由于盆腔充血，阴道白带也较非孕期明显增多，常会导致不适感。所以应经常洗澡和更换内衣，保持皮肤和外阴清洁干爽，避免感染。

孕妇洗澡最好采用淋浴的方式，水温不宜过高，一般以35～38℃为宜，因为水温过高会使孕妇全身血管扩张，造成暂时性子宫胎盘的血流量减少，给胎儿带来不利影响。另外洗澡的时间也不宜过长，最好不要超过15分钟。

此外，孕妇平时一定要注意外阴部清洁，每天用自己的专用盆和浴液及温开水清洗外阴2～3次，清洗时避免用普通肥皂。

准爸爸也要参与

在此期间，丈夫最好能下厨做饭。有些孕妇会因孕吐而吃不下东西，丈夫要注意选择做一些妻子喜欢的、能吃下的饭菜，以保证营养的供给。有时可能千方百计为妻子搞来的稀有食物，端到前面，妻子却不屑一顾，这也不要灰心，要尽量多准备几种小菜，供妻子任意选择。

应经常陪同妻子到空气清新的大自然中去散步，多让妻子看一些激发母子感情的书刊或电影电视，引导妻子爱护胎儿。要同妻子一起想象胎儿的情况，描绘胎儿活泼、自在、健康、漂亮的样子，对增进母婴感情是非常重要的。

胎教计划ABC

A.营养胎教

美国一项研究显示：准妈妈在孕期的饮食偏好会直接影响到孩子出生以后的口味选择。营养胎教的目的，不仅仅是保证准妈妈孕期健康，让宝宝顺利成长，最关键的也是给胎儿做一个“好榜样”。为了宝宝的健康，建议准妈妈在饮食方面做到以下几点：

首先，多吃新鲜水果和蔬菜。蔬果中含有丰富的叶酸和B族维生素，对胎儿神经系统的发育有着重要作用。

其次，多吃粗粮。虽然粗粮口感不如细粮，但是，粗粮中所含的各种微量元素是准妈妈此时最需要的。因此，孕妈要适当多吃，保证营养均衡。

再次，适量摄入脂肪。脂肪是爱美女性的天敌，可对于准妈妈来说，宝宝的健康成长和大脑发育都离不开它的参与，建议尽可能食用有利于健康的脂类食品，如豆油、花生油、橄榄油等植物油。

蚝油鸡柳

【原料】鸡胸肉350克，黑木耳片40克，黄椒丝50克，秋葵50克，姜末30克，蒜末30克，淀粉15克。

【调料】白糖2克，盐15克，食用油15毫升，米酒10毫升，蚝油30克。

【做法】秋葵洗净，去头；鸡胸肉切条状，加入5克盐、米酒、姜末、蒜末拌匀，再加入淀粉和5克油，腌渍一会。沸水中加入5克盐，放入木耳片、秋葵、黄椒丝焯水，捞出备用。起油锅，放入鸡胸肉煎炒，炒熟后推到锅边，爆香姜末、蒜末，再加入焯过水的食材、白糖、蚝油、盐与少量的水，翻炒至汤汁收干即可。

点评：孕期到了第2个月，是胎儿的器官形成期，这个阶段，孕妇要多吃些富含蛋白质的食物，以满足胎儿生长发育的需要。

B.运动胎教

按照锻炼要求，妊娠后不宜长期卧床休息，应坚持一般日常工作及家务劳动，但因妊娠后身体随时都在变化，行动也越来越不方便，因此，干家务活应适可而止，有的活动要尽量避免：

a.不要登高打扫卫生，也不要在扫除时搬抬沉重的东西；

b.不要在庭院里蹲着除草，易使盆腔充血致流产；

c.用温水洗衣服，不用搓板顶住腹部；

d.避免站立过久引起下肢浮肿；

e.外出时，如果路程短就不要乘公共汽车，以步行为宜；

f.尽量不要到人群拥挤的地方去。

C.诗歌朗诵

世间最伟大、最崇高的爱莫过于母爱了。人们从呱呱坠地开始，便沐浴在母爱的阳光下，它无声无息地渗透进生活的点点滴滴。它如同丝丝春雨，滋润着亿万儿女的心田。如今，你也将成为一个母亲，同样承担起孕育新生命的责任。现在，就来感受一下古人对母亲所流露的真挚感情吧。

游子吟
孟郊（唐）
慈母手中线，游子身上衣。
临行密密缝，意恐迟迟归。
谁言寸草心，报得三春晖。

诗词大意：这是唐朝著名诗人孟郊的一首诗，大意为慈祥的母亲手里把着针线，为即将远游的孩子赶制新衣。临行时她忙着缝儿子远征的衣服，又担心孩子此去难得回归。谁能说像萱草的那点孝心，可报答春晖般的慈母恩惠？

注释：寸草，这里是指萱草（花），是中国传统的母亲花。萱草的别名众多，常见的有：黄花菜、忘忧草、宜男草。花瓣可食，属百合科。

孕7周——小尾巴开始消失了

胎宝、孕妈的悄悄话

准妈妈：宝宝，妈妈正在为保护你努力，看，我新买的防电脑辐射的衣服，好看吗？还有，我每天坚持喝牛奶、吃水果，虽然有时候吃了就吐了，但一想到你需要营养，妈妈还是会坚持多吃一点。宝宝，你喜欢香蕉还是草莓？

胎宝宝：报告妈妈，我现在的形状有点像数字9，还像一颗豆子，长约12～25毫米，体重约4克。面部正在形成，两眼在头两侧，是两个黑点。妈妈，我和你一样喜欢吃草莓，呵呵，妈妈多吃点，让我快快长大！

胎宝宝的成长

怀孕2个月时，胎儿的器官进入形成期。

7周时，胚胎身长约2.5厘米，体重约4克，心、胃、肠、肝等内脏及脑部开始分化，手、足、眼、口、耳等器官已形成，小尾巴逐渐消失，可以说已越来越接近人的形体，但仍是头大身小，眼睛就像两个黑点分别位于头的两侧。骨头仍处于软骨的状态，有弹性。内外生殖器的原基能辨认，但从外表上还分辨不出性别。羊膜和绒毛膜构成的双层口袋充满了羊水，胚胎浸泡在羊水中，犹如自由流动的鱼。

孕妈的变化

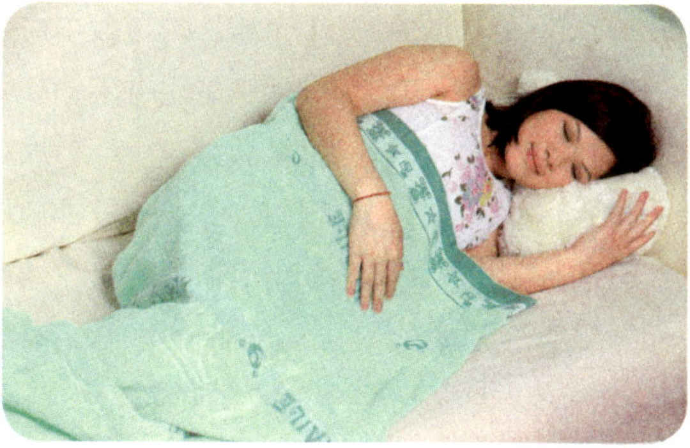

由于妊娠早孕反应，此时期的孕妇很容易疲劳，所以要保证充足的睡眠时间。卧室内要通风，睡觉前应将窗户打开10～15分钟，让有害物质逸出窗外。此期子宫增大不明显，睡觉的体位对胎儿没什么影响，因此孕妇可采用随意的姿势睡眠。

准爸爸也要参与

在孕妈早孕反应发生时，准爸爸要想方设法缓解孕妈的不适，并尽可能调动孕妈的愉悦情绪，比如同孕妈一起想象胎儿的情况，描绘宝宝的样貌，想象他活泼、健康、漂亮的样子等。这不仅能增进与胎儿之间的感情，也能使孕妈的心情感觉到愉快。

准爸爸除了在生活中一如既往地关爱孕妈，还要帮助孕妈一起创造良好的胎教环境。应经常陪同孕妈到空气清新的大自然中去散步，多让孕妈看一些激发母子感情的书刊或电影电视，引导孕妈爱护胎儿，或给孕妈朗读一些优美的文章，唱一曲动听的歌等。准爸爸要积极参与，和孕妈一起守护小天使。

胎教计划ABC

A.美食推荐

西红柿竹荪煮蛋白

【原料】西红柿350克，竹荪15克，鸡蛋3个，葱花少许。

【调料】食用油、食盐各少许。

【做法】西红柿洗净去皮切块，竹荪泡软切段，入沸水中焯熟备用；鸡蛋取蛋白打散，入锅中炒至凝固成块，盛出待用；锅中再放油烧热，下入西红柿块炒至出汁，加少许水，放入竹荪段、蛋白，煮3～4分钟后加食盐调味，撒入葱花即可出锅。

点评：本道菜以植物食材为主，不油腻，可以较好缓解孕妇早期的妊娠反应。

B.讲个故事吧

您已经怀孕7周了，今天就给宝宝讲一个《井底之蛙》的故事吧！“井底之蛙”一词最初来自《庄子》外篇“秋水”中的一篇寓言故事，常常用来讽刺见识短浅、思路狭隘之人，故事是这样的：

从前，有一只长年住在一口枯井里的青蛙。它对自己生活的小天地满意极了，一有机会就要当众吹嘘一番。

有一天，它吃饱了饭，蹲在井栏上正闲得无聊，忽然看见不远处有一只大海龟在散步。青蛙赶紧扯开嗓门喊了起来：“喂，海龟兄，请过来，快请过来！”海龟爬到枯井旁边。青蛙立刻打开了话匣子：“今天算你运气了，我让你开开眼界，参观一下我的居室。那简直是一座天堂。你大概从来也没有见过这样宽敞的住所吧？”海龟探头往井里瞅瞅，只见浅浅的井底积了一摊长满绿苔的泥水，还闻到一股扑鼻的臭味。海龟皱了皱眉头，赶紧缩回了脑袋。青蛙根本没有注意海龟的表情，挺着大肚子继续吹嘘，并且越说越得意，还不停地邀请海龟到井底参观。

海龟感到盛情难却，便爬向井口，可是左腿还没能全部伸进去，右腿的膝盖就被井栏卡住了。海龟慢慢地退了回来，问青蛙：“你听说过大海没有？”青蛙摇摇头。海龟说：“大海水天茫茫，无边无际。用千里不能形容它的辽阔，用万丈不能表明它的深度。青蛙弟，我就生活在大海中。你看，比起你这一眼枯井、一坑浅水来，哪个天地更开阔，哪个乐趣更大呢？”

青蛙听傻了，鼓着眼睛，半天合不拢嘴，这个时候他才知道自己生活的地方是多么的渺小。

C.叠一只小老鼠

孕期的一些不适经常会干扰到孕妈，此时，孕妈可以分散一下注意力。找一块大一点儿的手绢，或是小方巾，叠一只可爱的小老鼠吧。步骤如下：

a.准备一块正方形的手绢或方巾；

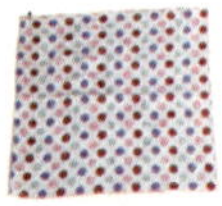

b.将手绢沿对角线对折；

c.将手绢的对角线两边的角对折，搭在一起；

d.将手绢向上卷起1/3左右，翻过来；

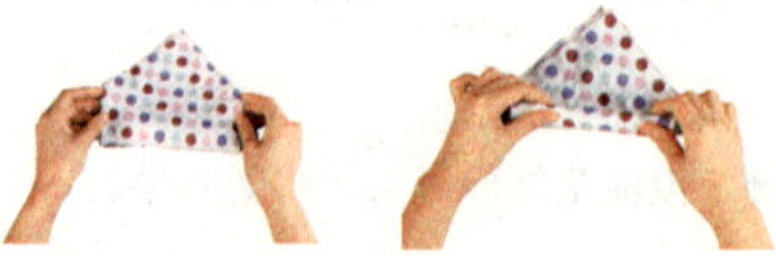

e.将卷起的小筒的两端对叠；

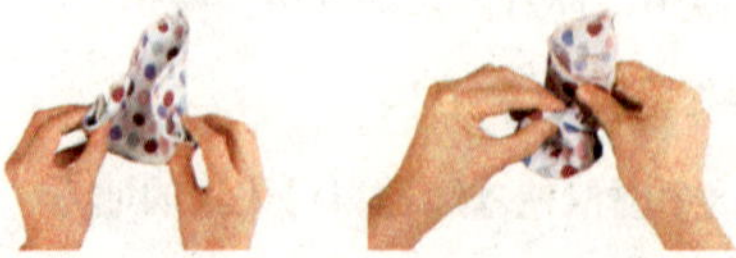

f.将手绢的顶部插入叠起的小筒下面，然后就有了一个小团；

g.将小团翻卷到底，直至显现出两个对角；

h.将一个小角打个结当头，另一个小角就是长长的尾巴，一个可爱的小老鼠就叠好了。

孕8周——真正的“胎宝宝”哦

胎宝、孕妈的悄悄话

准妈妈：宝宝，这几周可是你发育的关键时期，妈妈会注意营养，你看，爸爸给我准备了好多好吃的，有核桃、有玉米，还有骨头汤、香喷喷的鱼、酸甜的西红柿，宝宝，这些是不是你喜欢吃的呢？

胎宝宝：妈妈，我现在可忙啦，你也要多吃点好吃的，为我加油啊！我现在正专心长着小器官呢，每天身长就可以增加1毫米，如果用超声波检查，你可以清楚地听到我心脏跳动的声音哦。牙和腭也开始发育，耳朵也在继续成形，皮肤像纸一样薄，血管清晰可见。

胎宝宝的成长

一般情况下，孕期到了8周末，胚胎身长已长到3厘米，用肉眼也可分辨出头、身体和手足，小尾巴已经消失了，外生殖器开始显现，但是还分不清男女，是个真正的“胎宝宝”了。由于胎儿所需的营养越来越多，这个时期绒毛膜更发达，胎盘形成，脐带出现，母体与胎儿的联系更加密切。

孕妈的变化

孕期到了第2个月，妊娠反应持续伴随着孕妈，并且会越来越明显，例如食欲下降、恶心呕吐、心情烦躁、乳房发胀、乳晕颜色变暗，甚至会出现头晕头痛、心跳加快等症状。孕妈的小腹还未明显隆起，但是子宫稍稍增大。此时孕妈可能需要更换更大的胸衣，这样会觉得舒服一点。

准爸爸也要参与

陪孕妈做孕检是很有必要的。产前检查从月经停止及发生早孕反应时开始。产前检查不同于产前诊断，它是每个孕妇都应做的检查。通过产前检查，可以方便医生及早了解孕妇的全面情况和发现潜在的不利于妊娠和分娩的各种因素，这对母体的健康以及胎儿的正常生长发育具有十分重要的意义，也是胎教得以实施的重要前提。如果要做血、尿的常规检查，注意早上不要吃早餐，可自带早餐前往，待做完检查后再食用。

胎教计划ABC

A.美食推荐

翡翠鲈鱼

【原料】鲈鱼1条（约600克），豌豆苗100克，泡发好的黑木耳60克，蛋清、葱花、红椒末各适量。

【调料】食用油、盐、蒸鱼豉油、生抽、姜汁、柠檬汁、淀粉各适量。

【做法】鲈鱼切下鱼头、鱼尾，鱼肉切成片，再加姜汁、食盐、淀粉、柠檬汁、蛋清腌渍10分钟；沸水中加少许油和食盐，将洗净的豌豆苗稍焯，再焯熟黑木耳，豌豆苗摆入盘周，黑木耳摆入盘中；将鱼头、鱼尾、鱼肉片分别焯熟，摆在木耳上；锅中放少许油烧热，爆香葱花、红椒末，下入蒸鱼豉油、生抽，淋在鱼片上。

点评：鱼类是优质蛋白质的食物来源，蛋白质可以促进胎宝宝肌肉、内脏、皮肤的合成，如果孕妈缺乏蛋白质，可能会导致流产或早产。

B.动动脑筋

“用进废退”是人身上很多脏器的规律，大脑也不例外。德国心理学家雷尔教授研究发现，如果度假的人缺乏心智活动，那么人脑部前叶神经细胞就会开始萎缩。因此，在孕期，孕妈每天应做10分钟的脑力活动，让脑子活动起来，以保持敏捷的大脑思维，这对胎儿也有着积极的影响。下面孕妈就来玩玩数独游戏，其规则如下：

数独游戏在9×9的方格内进行，分为3×3的小方格，被称为“区”。

数独游戏首先从已经填入数字的格子开始，每个格子只允许有1个数字，最后保证每个区、每一列、每一行，都是1～9这9个数字，不能重复，即每个数字在每一行、每一列和每一区只能出现一次。

数独游戏：

9	3		8		5	6	1	
	8	5	6	1			9	
	4	6			3	5		8
5			7		4	2		
			1	5		7	6	3
8		7	3		6		5	
2	9	1			7			5
		8	5	3	1	9		
	5					1	7	6

参考答案：

9	3	2	8	4	5	6	1	7
7	8	5	6	1	2	3	9	4
1	4	6	9	7	3	5	2	8
5	6	3	7	9	4	2	8	1
4	2	9	1	5	8	7	6	3
8	1	7	3	2	6	4	5	9
2	9	1	4	6	7	8	3	5
6	7	8	5	3	1	9	4	2
3	5	4	2	8	9	1	7	6

C.讲个故事吧

狼和七只小羊

羊妈妈要出门，她非常担心孩子们的安全。于是，她把七个孩子全叫过来，对它们说：“亲爱的孩子们，我要到森林里去一下，你们一定要提防狼。这个坏蛋常常把自己化装成别的样子，你们只要一听到粗哑的声音，一看到它那黑黑的爪子，就一定不要开门。”小山羊们说：“妈妈，我们会当心的。”羊妈妈咩咩地叫了几声，便放心地去了。果然，没过多久，狼来敲门，并大声说：“开门哪，你们的妈妈回来了。”可是，小山羊们听到粗哑的声音便没有开门。狼灰溜溜地离开了。

狼跑到杂货商那里，买了一大块白垩土，吃了下去，结果嗓子变细了。它又回来敲山羊家的门，喊道：“开门哪，我的好孩子。你们的妈妈回来了。”可是小山羊们看到窗户上的黑爪子还是没有开门。就这样，狼再次离开。

贪婪的狼并不甘心，它又跑到磨坊主那里，威胁磨坊主把面粉撒在它的爪子上，等它的爪子全部变成了白色后，再次来敲小羊们的家门。一面敲门一面说：“开门哪，孩子们。你们的好妈妈回来了。”小山羊们看到爪子是白的，声音也不粗哑，便相信它说的是真话，就打开了屋门。

就这样，狼进来了。小羊们害怕极了，东躲西藏，最后还是被狼吃掉了，只有躲在钟盒里的最小的一只羊没有被狼发现。

过了一会儿，羊妈妈回来了。她到处找自己的孩子，可是怎么也找不到，羊妈妈伤心极了。突然，一个细细的声音喊叫道：“妈妈，我在钟盒里。”羊妈妈把它抱了出来，小羊告诉妈妈狼来过了。羊妈妈知道是狼吃了自己的孩子，她伤心地哭着走了出去。当她来到草地上时，狼还躺在大树下睡觉，呼噜声震得树枝直抖。

羊妈妈看到狼的肚子不停地在动，原来狼是整个吞下小羊们的，小羊们还活着。于是，羊妈妈趁狼睡觉的时候，把狼的肚皮剪开，把被狼吃掉的小羊全部救了出来，还把石头塞到狼的肚子里，然后把狼的肚皮缝合好。贪婪的狼因为吃得太饱，睡得太死，它根本没有察觉自己的肚皮被剪开。

第二天，狼醒了，它来到井边喝水，结果沉重的石头压得它掉进了井里，淹死了。七只小山羊看到后，它们高兴地和妈妈一起围着水井跳起舞来。

孕9周——我已经粗具人形啦

胎宝、孕妈的悄悄话

准妈妈：宝宝，妈妈现在每天一觉醒来第一个想到的就是你，然后就会不自觉地摸摸你，虽然你还太小，妈妈根本摸不到，不过只要想到你正在妈妈肚子里一天天成长，想到离我们见面又近了一天，所有的不适和烦恼都会消失不见。

胎宝宝：妈妈，告诉你一个好消息，我现在的样子已经粗具人形了，虽然头部仍然比较大，但四肢生长迅速，手指和脚趾基本发育完毕，你可以看见我的小肩膀了哦。所有的器官、肌肉、神经都开始工作，腭和鼻子都已经成形。

孕妈的变化

孕妇已经怀孕2个多月了，孕3月是孕吐最重的时期，除恶心外，胃部情况也不佳，同时，胸部会有闷热等症状出现。度过此阶段后，妊娠反应将逐步减轻，到3个月末就会自然消失，食欲开始增加，下降的体重逐渐回升。

准爸爸也要参与

怀孕第3个月时孕妈的妊娠反应可能加重，准爸爸应担负起为父为夫的责任，如陪妻子去医院检查，为妻子做一些有助治疗和改善呕吐症状的饭菜，给妻子买回一些平时爱吃的小食品等。最重要的是不能在妻子旁边抽烟，戒烟是最好的，但如果很难的话，至少不要在室内吸烟。

此外，丈夫还要做到对妻子加倍爱护，经常与妻子一起畅谈家庭的未来发展计划以及孩子的培养目标，共同进行胎教活动。还要特别注意自己的言谈举止，更不能对妻子的呕吐表现出厌烦、嫌脏的情绪，要一如既往地照顾、疼爱妻子。

胎教计划ABC

A.美食推荐

蔬菜玉米饼

【原料】玉米1根，鸡蛋1个，面粉300克，韭菜段40克，胡萝卜丝40克，葱段40克。

【调料】食用油15毫升，盐10克。

【做法】玉米加水煮熟，捞出、放凉后，掰下玉米粒，备用；取一碗，放入面粉，加入温水、鸡蛋调成面糊，接着放入韭菜段、葱段、胡萝卜丝、玉米粒、盐，搅拌均匀；平底锅倒油烧热，将面糊舀出平摊到锅中，小火煎至两面金黄即可。

点评：本道菜香浓可口，做法简单，对于食欲不佳的孕妈，是不错的食物选择。

B.名曲欣赏

在欣赏名曲《春江花月夜》的同时，孕妈还可以朗读《春江花月夜》这首诗，这首诗是唐代诗人张若虚所作，词句优美，被称为是“孤篇盖全唐”的杰作。此诗36句，每4句一换韵，以富有生活气息的清丽之笔，创造性地再现了江南春夜的景色，如同月光照耀下的万里长江画卷。发挥你的想象力吧，一幅绝美的的风景画就在你眼前。正文如下：

春江花月夜

张若虚（唐）

春江潮水连海平，海上明月共潮生。
滟滟随波千万里，何处春江无月明。
江流宛转绕芳甸，月照花林皆似霰。
空里流霜不觉飞，汀上白沙看不见。
江天一色无纤尘，皎皎空中孤月轮。
江畔何人初见月？江月何年初照人？
人生代代无穷已，江月年年望相似。
不知江月待何人，但见长江送流水。
白云一片去悠悠，青枫浦上不胜愁。
谁家今夜扁舟子？何处相思明月楼？
可怜楼上月徘徊，应照离人妆镜台。
玉户帘中卷不去，捣衣砧上拂还来。

此时相望不相闻，愿逐月华流照君。
鸿雁长飞光不度，鱼龙潜跃水成文。
昨夜闲潭梦落花，可怜春半不还家。
江水流春去欲尽，江潭落月复西斜。
斜月沉沉藏海雾，碣石潇湘无限路。
不知乘月几人归，落月摇情满江树。

孕10周——可以看见我清晰的面孔啦

胎宝、孕妈的悄悄话

准妈妈： 宝宝，起床啦，我们一起去上班，看看，为了你，妈妈还带了水果和饼干哦，工作间隙吃一点，可不能饿着我亲爱的小宝贝啊。宝宝，我现在不是一个人了，和你一起睡觉，一起散步，一起看风景，这种时时刻刻在一起的感觉真好！

胎宝宝： 妈妈，此时我的大脑已经形成，面部基本发育完全，你可以看见我清晰的面部，如眼睛、鼻子。神经系统也开始有了反应，许多内脏器官开始发挥作用，心脏已经发育完全，每分钟搏动140次哦，肺、胃和肠道继续发育，生殖器已经开始发育，但是你还不能分辨我是男还是女。

孕妈的变化

由于本周处于孕期的第3个月，这个时期要保证充足的睡眠，每天中午最好能睡1～2小时。由于体内大量雌激素的影响，从本月起，孕妇口腔会出现一些变化，如牙龈充血、水肿以及牙龈乳头肥大增生，触之极易出血，医学上称为妊娠牙龈炎。要坚持坚持每天早晚刷两次牙，防止细菌在口腔内繁殖。

准爸爸也要参与

这段时期是胎儿大脑发育的关键时期，因此，为孕妈提供充足的健脑食物，是十分必要的。准爸爸应注意多为孕妈选用一些健脑食物，如核桃、黑芝麻、黄花菜、小米、玉米、香菇、海产品等。为了让不喜欢吃饭的妻子能摄取到各种营养，有时需要在旁边劝食。孕妈也会出现一些违背常理的食欲要求，即异食现象，如吃臭鸡蛋、喜酸嗜辣等，如妻子的异食对身体和胎儿没有太大的危害，丈夫应该尽量满足妻子。

有些妊娠反应严重的孕妈，不仅本人不能吃饭，而且连饭的味道都不能闻，这时丈夫可以寻找适合妻子妊娠期间的菜谱，或一起外出吃饭，这也是增进妻子食欲的好办法。

在这个阶段，夫妻最好不要进行性行为，至少也需要节制，且避免压迫到腹部，时间则越短越好。

胎教计划ABC

A.美食推荐

蓝莓山药

【原料】山药400克。

【调料】蓝莓果酱、冰糖各适量。

【做法】将山药去皮，切成均匀的条，入蒸锅中蒸熟，盛出放入凉开水中浸凉，再装入盘中；锅中放少许水烧开，下入蓝莓果酱和冰糖，小火熬煮至黏稠，淋在山药条上即可。

点评：山药的营养元素非常丰富，容易消化吸收，经常食用可以提高孕妇免疫力。在孕初期食用，可以帮助孕妈缓解食欲不振的症状，保持体力。

B.情绪胎教

准妈妈必须拥有平稳、乐观、温和的心境，才能增进胎儿的身心健康发展。但是，世界上的事情总是不尽人意。因此，孕妇应该学会改变不良情绪，当心情不好的时候，要及早发现，并通过各种方法控制不良情绪。方法如下：

告诫法。心情不好的时候，要经常这样告诫自己：不要生气（或伤心、发火、着急），会影响宝宝的。

转移法。消除烦恼的最好办法就是离开那种不愉快的情境，换一个地方，做一些自己喜欢的事情，如听欢快的音乐、看喜剧、散步等。

释放法。这种方法就是把烦恼释放出去，比如可以写日记、写信，或找好朋友诉说一番，都会把不良情绪释放出去，从而改善心情。

社交法。情绪胎教也是一种交流胎教，孕妇应该多交朋友，在乐观向上的人群中，多交谈，可以使情绪得到积极的感染，让不良情绪远离自己。

建立自信。孕妇不要整天忧心忡忡，担心孩子会发育不好、畸形或残疾，更不要把这样的不良想象和担心扩大化。

C.散文欣赏

《荷塘月色》是朱自清的散文。描绘的是优美月色中的荷塘景色。孕妈可以在晚饭过后，和准爸爸一起去公园散步，欣赏美丽的月色。

曲曲折折的荷塘上面，弥望的是田田的叶子。叶子出水很高，像亭亭的舞女的裙。层层的叶子中间，零星地点缀着些白花，有袅娜地开着的，有羞涩地打着朵儿的；正如一粒粒的明珠，又如碧天里的星星，又如刚出浴的美人。微风过处，送来缕缕清香，仿佛远处高楼上渺茫的歌声似的。这时候叶子与花也有一丝的颤动，像闪电般，霎时传过荷塘的那边去了。叶子本是肩并肩密密地挨着，这便宛然有了一道凝碧的波痕。叶子底下是脉脉的流水，遮住了，不能见一些颜色；而

叶子却更见风致了。

月光如流水一般，静静地泻在这一片叶子和花上。薄薄的青雾浮起在荷塘里。叶子和花仿佛在牛乳中洗过一样；又像笼着轻纱的梦。虽然是满月，天上却有一层淡淡的云，所以不能朗照；但我以为这恰是到了好处——酣眠固不可少，小睡也别有风味的。月光是隔了树照过来的，高处丛生的灌木，落下参差斑驳的黑影，峭楞楞如鬼一般；弯弯的杨柳的稀疏的倩影，却又像是画在荷叶上。塘中的月色并不均匀；但光与影有着和谐的旋律，如梵阿玲上奏着的名曲。

荷塘的四面，远远近近，高高低低都是树，而杨柳最多。这些树将一片荷塘重重围住；只在小路一旁，漏着几段空隙，像是特为月光留下的。树色一例是阴阴的，乍看像一团烟雾；但杨柳的丰姿，便在烟雾里也辨得出。树梢上隐隐约约的是一带远山，只有些大意罢了。树缝里也漏着一两点路灯光，没精打采的，是渴睡人的眼。这时候最热闹的，要数树上的蝉声与水里的蛙声；但热闹是它们的，我什么也没有。

忽然想起采莲的事情来了。采莲是江南的旧俗，似乎很早就有，而六朝时为盛；从诗歌里可以约略知道。采莲的是少年的女子，她们是荡着小船，唱着艳歌去的。采莲人不用说很多，还有看采莲的人。那是一个热闹的季节，也是一个风流的季节。梁元帝《采莲赋》里说得好：

于是妖童媛女，荡舟心许；鹢首徐回，兼传羽杯；棹将移而藻挂，船欲动而萍开。尔其纤腰束素，迁延顾步；夏始春余，叶嫩花初，恐沾裳而浅笑，畏倾船而敛裾。

可见当时嬉游的光景了。这真是有趣的事，可惜我们现在早已无福消受了。

孕11周——喜欢“游泳”的小家伙儿

胎宝、孕妈的悄悄话

准妈妈：宝宝，妈妈昨天做了一个梦，梦到你都会走了，我和爸爸带着你去划船，一开始天气很好，突然下起雨来了，可是没有带伞，我们三人被淋成落汤鸡啦，可是你却很高兴，在雨中跑着，还咯咯咯地笑呢。宝宝，你也梦到了吗？

胎宝宝：妈妈，虽然我现在可能只有你手掌一半大小，但我能在羊水里快乐地游泳呢！虽然我的眼睛还没有睁开，但是我可以做吸吮、吞咽和打哈欠等动作哦。您放心，我的大部分器官如肝脏、肾、肠、大脑以及呼吸器官都已经开始工作了，看我多健康！

孕妈的变化

产检一般是在妊娠8～10周左右，主要做全面性的一般检查及妇科检查，如身高、骨盆外测量及乙肝抗原、血色素、血型和尿测定等实验室检查，以了解孕妇的健康状况以及是否受到感染。

流产最容易发生在妊娠第4～11周，主要症状是腹痛、阴道出血。由于孕3月前后是最危险的时期，所以无论你做什么、在哪里必须要特别小心。

准爸爸也要参与

妊娠会使孕妈脸上产生蝶形色素沉着，腹部脂肪松弛，皮肤失去弹性，体态变得臃肿等，有些孕妈会产生“丑”的感觉，担心失去丈夫的宠爱。这时做丈夫的一定要细心，不能在妻子面前指出这些变化，用其他活动，

如散步、听音乐、读书等分散妻子的注意力。

准爸爸还可以准备一些能有效缓解孕妈不安情绪的优美音乐、幽默相声、小品、故事CD、磁带、书籍、杂志等，以丰富妻子的日常生活。

在节假日时，不妨带妻子一块儿到离家不远的亲朋好友家中串串门，聊聊家常，讨论各种有关怀孕的话题等。所有这些，对于稳定孕妈的情绪，保证胎儿健康成长，都是十分必要的。

胎教计划ABC

A.美食推荐

白菜排骨汤

【原料】猪排骨300克，白菜100克，葱段10克，姜片4片。

【调料】盐5克，米酒5毫升。

【做法】将白菜洗净，切片；排骨洗净，剁成小块，汆烫后沥干备用；砂锅中加入清水煮沸，接着放入白菜铺底，再放入排骨、葱段、姜片和米酒，用大火煮沸；撇去浮沫，盖上锅盖，转中火焖20分钟，最后加盐调味即可。

点评：猪骨中的蛋白质、铁、钠等元素的含量都比猪肉高，这些营养成分不仅易被人体吸收，还可以使人体精力充沛，增强孕妇的体力。

B.行为胎教

古人认为，胎儿在母体内就应该接受母亲言行的感化，因此要求孕妇清心养性、遵守礼仪、品行端正，给胎儿以良好的影响。

所以，准父母们一定不要忽视行为胎教，尤其是孕妇，自身的言行，会影响胎儿乃至孩子的一生。

对孕妈来说，培养良好的日常生活习惯，也是对胎儿进行行为胎教的方式。培养良好习惯要从如下点滴小事做起,例如：

a.日常服饰要整洁，适合自己的身份和职业；

b.言谈举止要文明，尊重他人；

c.待人接物要诚恳有礼；

d.为人处世要磊落大方；

e.多一些怜悯、恻隐之心，少一些刁难、邪恶之意。

这既是一位女性良好精神修养的外在表现，也体现了一位现代女性应该具备的良好形象。孕妈要规范自己的言行，给胎儿做出榜样。

C.玩折纸游戏

折纸又称“工艺折纸”，是一种以纸张折成各种不同形状的艺术活动，是一种有益身心、开发智力和思维的活动。折纸不仅是种艺术，还是一种锻炼方法。折纸能锻炼人的综合协调能力，包括手、眼和大脑。比如学习折纸需要用眼睛看折叠的过程，并在看的同时思考，记住过程；在折的时候，你要亲自动手，其间遇到问题，还要仔细去想刚才别人是怎么叠的。这样就可以使你开动脑筋、活跃思维，从而达到手、眼、脑三位一体的综合协调。折纸并不仅仅限于单色或者双色，根据所需要表达的事物本身，可以使用色彩丰富的材料进行折纸。

妊娠期间，孕妈做一些简单的折纸工艺，不仅可以活跃思维，还可以让心情平静下来。下面就来折一艘帆船吧。

材料准备：正方形纸一张。

制作过程：

a.将正方形纸张朝对角方向对折；

b.将朝上的一面如下图所示向下折，翻过来将另一面也向下折；

c.三角形朝上，向右对折；

d.将折痕压实；

e.将纸翻转使尖角朝左，将上面的纸在1/3处向右折；

f.将纸张翻转过来，即成帆船了。

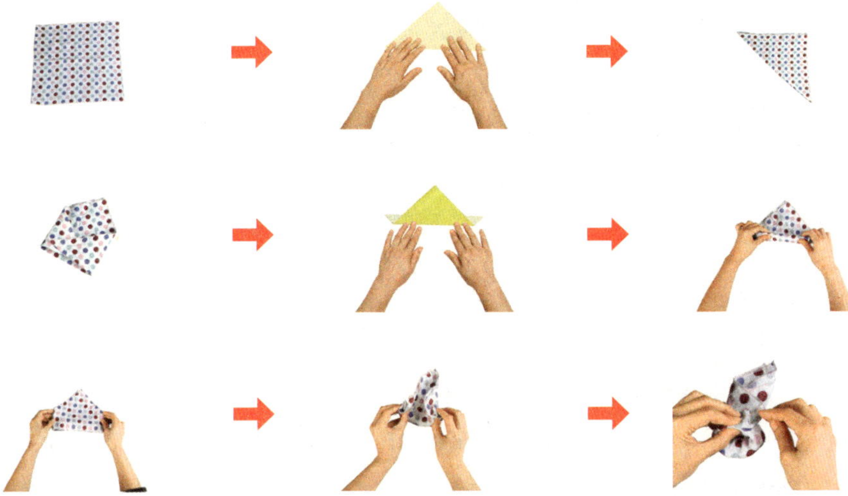

D.唱首儿歌吧

孕妈可以给胎宝宝哼唱自己喜欢的歌曲，哼唱一些数字歌曲就很不错，不仅能进行音乐胎教，还能让胎宝宝领略数字的魅力。下面就来唱一唱这首儿歌——《拍手歌》，歌词内容如下：

你拍一，我拍一，一个小孩坐飞机。

你拍二，我拍二，两个小孩梳小辫。

你拍三，我拍三，三个小孩来搬砖。

你拍四，我拍四，四个小孩写大字。

你拍五，我拍五，五个小孩敲锣鼓。

你拍六，我拍六，六个小孩拣豆豆。

你拍七，我拍七，七个小孩穿新衣。

你拍八，我拍八，八个小孩吃西瓜。

你拍九，我拍九，九个小孩齐步走。

你拍十，我拍十，十个小孩在学习。

孕12周——我是一个爱运动的胎宝宝

胎宝、孕妈的悄悄话

准妈妈：亲爱的宝宝，妈妈今天去产检了，我听到你的心跳声啦，像刮风一样，呼呼的声音。那一刻，真让人激动，我真切地感受到了你的存在。回家就让你爸爸拿出字典，干什么？你妈妈我要给亲爱的宝宝起个响亮的名字！

胎宝宝：妈妈，我现在所有内脏器官均已形成，并且大部分开始工作，我现在会的动作可多了，脚趾能屈能伸，手指会握拳，还能皱眉、噘嘴以及张闭嘴巴，吸吮、吞咽羊水，还能排尿，我还会动呢，可惜妈妈你还感觉不到。

孕妈的变化

怀孕三个月时，孕妇容易便秘，这时可在医师的指导下服用麻仁丸或使用开塞露，但注意不能长期使用，避免产生依赖性。孕妇要注意不宜服用硫酸镁、中药大黄、番泻叶等缓泻剂，因为它们可引起子宫肌肉收缩，导致流产。泌尿系统感染是孕妇最容易患的一种疾病最好在医生的指导下合理地使用药物。

如果此时孕妇因吃了不洁食物或着凉发生腹泻，注意补充因腹泻损失的电解质，可饮用口服液盐。孕妇不宜使用氟哌酸、庆大霉素、痢特灵等一些止泻药，即使要用，也应在医生的指导下合理地使用。

准爸爸也要参与

随着孕周的增长，胎宝宝的发育越来越快，这时孕妈的身形有了变化，动作也迟缓了些。细心的准爸爸应该想到此时孕妈有很多动作做起来不方便，如洗头，如果孕妈弯腰太久的话，不但会腰酸，肚子也会不舒服，有可能造成子宫收缩。不要在妻子旁边吸烟，戒烟是最好的，但如果很难的话，至少在妻子旁边不能吸烟。

因此，准爸爸一定不能错过这个表达爱意的机会，给妻子洗个头吧，让妻子坐在有靠背的椅子上，慢慢地享受这个甜蜜的服务吧。

胎教计划ABC

A.美食推荐

胡萝卜烧鸡

【原料】去骨鸡腿肉200克，胡萝卜170克，葱末5克，姜末10克。

【调料】盐10克，米酒5毫升，豆瓣酱5克，食用油5毫升，酱油15毫升，水淀粉5毫升。

【做法】胡萝卜洗净、去皮，切滚刀块。将鸡腿肉切成2厘米的小丁，加入酱油、盐和淀粉拌匀，腌5分钟备用；热油锅，将鸡肉煎至表面焦黄，再放入姜末一同炒香；放入豆瓣酱、米酒、盐、胡萝卜及少量的水，煨煮5分钟，加入水淀粉勾芡，撒上葱末即可。

点评：胡萝卜富含多种维生素，这对于孕早期胎儿的器官形成和发育有着重要的作用。

B.诗歌朗读

人间最美的是三月，因为初春开始万象更新。胎宝宝就是孕妈的三月，会带给孕妈无尽的喜悦。下面这首诗的作者是美国的艾米莉·狄金森，她的诗歌纯净如水，透亮地反射出人性的本真。早晨，在清新的空气流淌进来的时候，孕妈不妨将这首美丽的诗读给自己和胎宝宝听。

亲爱的三月，请进！

【美】艾米莉·狄金森

亲爱的三月，请进！
我是多么高兴，
一直期待你光临，
请摘下你的帽子。
你一定是走来的吧？
瞧你累得上气不接下气的。
亲爱的，别来无恙？
你来的时候，大自然可好？
哦，快随我上楼，
我有许多话要问你。

你的信我已收到，
而鸟和枫树，却不知你已在途中，
直到我宣告，他们的脸涨得多红啊。
可是，请原谅，你留下，
帮我在那山山岭岭上涂抹色彩！
却没有适当的紫红可用，
你都带走了，一点不剩。
是谁敲门？准是四月。
把门锁紧，
我不爱让人纠缠，
他在别处呆了一年，
正当我有客，才来看我。
可是小事显得这样不足挂齿，自从
你一来到这里，
以至怪罪也像赞美一样亲切，
赞美也不过像怪罪。

C.你猜一猜

谜语主要指事物或文字等供人猜测的隐语，也可引申为蕴含奥秘的事物。谜语源自中国古代民间，历经数千年的演变和发展，它是古代人集体智慧创造的文化产物。这些游戏可以帮助孕妈调适心情。等到4个月后，胎宝宝有了听力之后，孕妈还可以再翻回来，将这些好玩的谜语当作儿歌念给他听。

a. 姐妹一样长，结伴爱成双，酸甜和苦辣，两人都同尝。

b. 我有两口井，模样很难分，双腿探下去，正好齐腰深。

c. 远看山有色，近听水无声，春去花还在，人来鸟不惊。

d. 兄弟一般高，出门就赛跑，两个有差距，可又同时到。

e. 四眼像铜铃，四脚圆滚滚，腰间有嘴巴，专吃过路人。

f. 一间小房子，四面镶窗子，四个圆轮子，坐下站不下。

g. 小小木房站路旁，两边开着活门窗。要使街道干清洁，果皮纸屑往里装。

h. 身披一件大皮袄，山坡下面吃青草，为了别人穿得暖，宁肯脱下本人毛。

i. 像条带，一盘菜，下了水，跑得快。

j. 小小售货员，肩上不挑担，背上背着针，满地四周串。

k. 身穿黄色羽毛衫，绿树丛中常栖身，只因歌儿唱得好，博得很多表扬声。

l. 上搭棚，下搭棚，开黄花，结青龙。

m. 屋子方方，有门没窗，屋外热烘，屋里冰霜。

n. 身体长又长，开花黄又黄，面庞像太阳，子儿香又香。

o. 凸眼睛，阔嘴巴，尾巴要比身体大，碧绿水草渲染它，仿佛一朵大红花。

参考答案：

a.筷子。b.裤子。c.画。d.自行车。e.公共汽车。f.小汽车。g.垃圾箱。h.绵羊。i.带鱼。j.刺猬。k.黄莺。l.丝瓜。m.冰箱。n.向日葵。o.金鱼。

Part 03

孕中期

——妈妈您辛苦啦

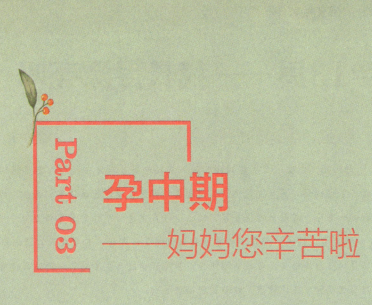

孕期满3个月以后，胎宝宝就可以称为胎儿了，孕妈之前的妊娠反应也会渐渐消失，并且还会感到胃口大开，会对某一种食物情有独钟。随着孕妈的肚子慢慢地隆起变大，除了宝宝一天天长大带来的喜悦，孕妈也进入到了孕期最辛苦的阶段，这个阶段孕妈会真实地感受到宝宝的存在，TA的每一次翻身、每一次踢腿，都说明宝宝正在健康快乐地成长，同时，也是胎教的大好时机，好好把握吧！

孕13周——我长得漂亮吗

胎宝、孕妈的悄悄话

准妈妈：宝宝，今天吃过晚饭后，我和你爸爸一起去散步，突然想到，你会长得像爸爸呢还是像妈妈，爸爸说像他，我说像我，可我希望你能遗传我们两个人的优点，眼睛长得像妈妈，鼻子、脸形长得像爸爸，哈哈，你肯定是一个非常漂亮的宝宝！

胎宝宝：妈妈，你吃下的营养我都收到了，你看，我现在五官清晰可见，脖子已经发育得足以支撑头部了，嘴唇能够张合，手指开始能与手掌握紧，脚趾与脚底也可以弯曲，骨骼发育也很好，我很健康，这都是您的功劳哦。

孕妈的变化

孕妇在孕期第4个月开始，基础体温开始下降，一直到生产时都保持低温状态。这个时候，孕妇走在路上，就会发现别人看你的眼光不一样了，如果你穿上孕妇装，你可能就是一个孕味十足的孕妇了。

准爸爸也要参与

这个时期，孕妈的妊娠反应逐渐消失，食欲旺盛，所以准爸爸此时可以大展身手了。

除了亲自选购、烹饪可口的食物外，还可以不时带妻子外出到餐厅享受一些丰富可口的美味菜肴。去餐厅应尽量选择宽敞、明亮、整洁、卫生条件好的地方。

此外，还要注意核算每日妻子饮食的营养量，保证营养平衡，并根据孕妈的健康状况，适当调整饮食的结构。

胎教计划ABC

A.展开你的想象力吧

大自然是什么样子的呢？为什么有时候寒冷，有时候炎热呢？孕妈此时可以将以下三首关于四季的童谣唱给宝宝听，还可以想象一下四季的模样。

一

春天到 春天到，
田野青青牛羊跑。
春天到 春天到，
山坡青青花朵笑。
杨柳青青小鸟跳呀 ，
河水青青船儿漂。
春天到 春天到，
春天到 春天到，
春天的宝宝又长高。

夏天到 夏天到，
天上打雷下冰雹。
夏天到 夏天到，
大槐树上知了叫。
爸爸的啤酒冒白泡呀，
奶奶的扇子摇呀摇。
夏天到 夏天到，
夏天到 夏天到，
夏天的宝宝睡不好。

秋天到 秋天到，
蓝天白云风景好。
秋天到 秋天到，
坐在河边把鱼钓。
大雁排队向南飞呀，
放个风筝跟着跑。
秋天到 秋天到，
秋天到 秋天到，
秋天的宝宝蹦蹦跳。

冬天到 冬天到，
赶快穿上厚棉袄。
冬天到 冬天到，
跑出门外凑热闹。
捂着耳朵放鞭炮呀，
蘸着雪花吃年糕。
冬天到 冬天到，

冬天到 冬天到，

冬天里唱起四季谣。

二

春风暖，布谷叫，

小苗出土咧嘴笑；

夏天热，蝉儿叫，

荷花出水咧嘴笑；

秋天凉，雁儿叫，

颗颗棉桃咧嘴笑；

冬季里，雪花飘，

朵朵梅花咧嘴笑；

过新年，放鞭炮，

小朋友们咧嘴笑。

三

春天里，东风多，

小燕子，搭新窝。

夏天里，南风热，

红太阳，像团火。

秋天里，西风吹，

大雁飞，黄叶飘。

冬天里，北风刮，

小雪花，纷纷下。

B.诗歌朗诵

登鹳雀楼

王之涣（唐）

白日依山尽，黄河入海流。

欲穷千里目，更上一层楼。

原文赏析：从不同的角度去看风景，感受是完全不同的。“欲穷千里目，更上一层楼”不仅仅是欣赏美丽的风光，更引申成对自己的挑战。只有不断地往上攀登，不论是风光景物、知识学问，亦或是生活体验，都将出现更开阔的视野。

C.唱首歌吧

下面是我们熟悉的旋律《茉莉花》的歌词，相信很多人会哼唱，孕妈用歌声传递母爱，这就是世界上最美的旋律。

茉莉花

好一朵茉莉花 ，好一朵茉莉花，
满园花草 ，香也香不过它，
我有心采一朵戴 ，又怕看花的人儿
要将我骂。

好一朵茉莉花，好一朵茉莉花，
茉莉花开，雪也白不过它，
我有心采一朵戴，又怕旁人笑话。

好一朵茉莉花，好一朵茉莉花，
满园花开，比也比不过它，
我有心采一朵戴，又怕来年不发芽。
（此段唱时重复一遍）

D.美食推荐

茄汁鹌鹑蛋

【原料】熟鹌鹑蛋20个，豌豆40克，姜末10克，蒜末10克，葱花10克。

【调料】白糖2克，胡椒粉5克，番茄酱15克，水淀粉5毫升，食用油5毫升。

【做法】将白糖、胡椒粉、适量清水以及番茄酱混合，搅拌均匀成酱汁，备用；油锅烧热，将鹌鹑蛋放入，炸至金黄色、蛋白起小泡，捞起沥油；另起油锅，放入姜末、葱花、蒜末，炒出香味，再放入豌豆、酱汁、鹌鹑蛋，用水淀粉勾芡即可。

孕14周——能做“鬼脸”的小家伙

胎宝、孕妈的悄悄话

准妈妈：宝宝，妈妈天天做的胎教你有没感受到？今天我还给爸爸下达了命令，从现在开始，要每天跟你讲话、讲故事，还要唱歌给你听！怎么样，你听到爸爸的声音了吗？

胎宝宝：妈妈，我身体的基本构造（内部的和外部的）都已经形成了，不过它们仍然非常脆弱，功能还没有完全健全。现在我能够斜眼、皱眉和做鬼脸了哦，而且我的胳膊比以前灵活多了，能够抓、握，有时我还会吸吮自己的手指头呢。

孕妈的变化

这个时期，痛苦的孕吐已慢慢结束，孕妇的心情会比较舒畅，胎内的环境变得安定，食欲也开始增加。尿频与便秘现象渐渐恢复正常，但分泌物仍然不减少。

妈妈不要偏食，应加强饮食营养，增加能量和包括蛋白质、糖类、脂肪、无机物、维生素等在内的营养素，以满足身体合成代谢的需要。

需要注意的是，如果这时仍有严重的呕吐，有可能是怀孕异常，应去医院做检查。

准爸爸也要参与

从4个月开始，是进行胎教的大好时机，准爸爸应利用此时机积极配合和鼓励妻子，一起参与胎教过程，为自己的小宝宝健康成长作出努力。胎教时间最好在孕妈早上起床后，午睡或下班后，晚上临睡前进行。

同时，此时期也是胎儿发育的重要时期，准爸爸应该帮助妻子做好孕期保健和自我监护，定期到医院检查，向医生咨询孕期应注意的一些保健知识，并学习一些孕育知识，随时关注孕妈的身体状况，以保证胎儿健康成长。

胎教计划ABC

A.美食推荐

香芹木耳茶树菇

【原料】茶树菇100克，黑木耳30克，芹菜50克，红椒1个，姜末、蒜末各少许。

【调料】食用油、盐、生抽、鸡精、水淀粉各少许。

【做法】将芹菜洗净切段，红椒洗净切丝；茶树菇和黑木耳泡发好，并将茶树菇去蒂，黑木耳撕成小片；锅中放油烧热，爆香姜末、蒜末，下入茶树菇翻炒一会，加入木耳继续炒，加少许水，焖至水干，加入芹菜段和红椒丝，调入盐、生抽、鸡精，最后用水淀粉勾薄芡，即可出锅。

点评：木耳富含B族维生素和多种矿物质，如铁、钙、磷等，非常适合孕妇食用。芹菜中的膳食纤维，有保护和镇静血管的作用，对预防胎儿软骨病也有功效。

B.生命在于运动

运动对于增强孕妈的体质非常重要，有利于胎儿健康发育。最好的运动莫过于散步，它可促进血液循环，增加呼吸量，可以提高神经系统和心肺功能，增加新

陈代谢，加强肌肉活动。孕妈可以每天走半小时，如果上下班路程不远，可以不乘公共汽车，而改步行。

锻炼虽然能给机体带来很多好处，但如果安排不合理就会适得其反。一般情况下，在妊娠早期，孕妈的灵活性和柔韧性较强，可以选择瑜伽、慢跑、游泳、健美操、骑自行车等运动来进行锻炼，妊娠晚期，孕妈则宜经常到室外散散步。同时还可以在运动时配一些优美的旋律，使运动变得更有情趣。此外应注意，在运动时要对运动量、强度和时间进行合理的控制，以免给身体造成一些不必要的损伤。总之，在锻炼时应遵守循序渐进、持之以恒的原则，不要让身体太过疲劳。

C.猜一猜字谜

在孕期，孕妇一定要尽可能的养成看书、读报的学习习惯，保持自己强烈的求知欲，也可和家人一起下下棋，玩玩牌，猜谜等，总之要动动脑筋，也就是做做“脑力体操”，充分调动自己的思维活动，使脑子越用越灵，这样胎儿也能受到良好的教育。

来猜猜中国城市名称吧。

a.夸夸其谈——（ ）

b.四季花开——（ ）

c.双喜临门——（ ）

d.夏天盖棉被——（ ）

e.漂亮的长河——（ ）

f.风平浪静——（ ）

g.基本一样——（ ）

h.永久太平——（ ）

i.牵羊上法庭——（ ）

j.日近黄昏——（　）
k.冰河解冻——（　）
l.久雨初晴——（　）
m.胖子开会——（　）
n.大家都笑你——（　）
o.不冷不热的地方——（　）

参考答案：

a.海口。b.长春。c.重庆。d.武汉。e.丽江。f.宁波。g.大同。h.长安。i.沈阳。j.洛阳。k.开封。l.贵阳。m.合肥。n.齐齐哈尔。o.温州。

D.来段绕口令吧

绕口令又称急口令、吃口令、拗口令等，是我国传统的语言游戏。它要求快速念出，读起来节奏感强、妙趣横生。现在，孕妈将舌头、嘴唇、脑袋准备好，精彩现在开始！

一

扁担长，板凳宽，
板凳没有扁担长，
扁担没有板凳宽，
扁担要绑在板凳上，
板凳偏不让扁担绑在板凳上。

二

娃挖瓦，娃挖蛙，
娃挖瓦挖蛙，
挖蛙挖出瓦。
娃挖蛙挖瓦，
挖瓦挖出蛙。

三

蓝教练是女教练，
吕教练是男教练，
蓝教练不是男教练，
吕教练不是女教练。

孕15周——我会打嗝了

胎宝、孕妈的悄悄话

准妈妈：今天天气真好，宝宝我们一起去散步！嗯，你看，这朵花儿真漂亮，还有香味呢，你知道花儿为什么会有香味吗？这是因为花瓣不断分泌带有香味的芳香油，花开的时候，芳香油随着水分一起散发出来，我们就闻到花儿的香味啦！

胎宝宝：妈妈，我可以感觉到光了，眉毛开始长出来了，头发的生长速度也很快。待在子宫里可无聊了，只好整天吸入、吐出羊水，做各种表情来打发时间，对了，妈妈，我会打嗝了，这是开始呼吸的前兆哦，遗憾的是你无法听到这个声音。

孕妈的变化

从这时起，每次产前检查都要测量子宫底，测量从耻骨中央到下腹部的隆起处（这就是子宫底）的长度，根据这个长度来判断子宫的大小，到15周末时，子宫的高度应是5～12厘米。

每天睡眠时间不得少于8小时，在白天还应至少保持1小时的午休时间，但也不应过长，以不超过2小时为宜，以免影响夜间睡眠。

另外，睡觉时以左侧卧位的姿势为妥。因为从这个月开始，子宫增大，仰卧或右侧卧位时，增大的子宫会因压迫腹主动脉及扭转子宫韧带和系膜，使子宫血流量明显减少，直接影响胎儿的营养和发育，导致胎儿宫内发育迟缓。

准爸爸也要参与

这段时间，丈夫要一如既往地关心爱护妻子，这样既能增进夫妻之间的感情，又等于间接帮助胎儿成长。每位丈夫对妻子的体贴方式各不相同，有人代替妻子外出购物，有人代替妻子整理、打扫居室，也有人在周末的夜晚带妻子到外面享受烛光晚餐。选择适合自己的方式，积极参与胎教，关爱孕妈，使孕妈保持愉悦心情，这对母子来说都是很有好处的。

这个时期，孕妇的妊娠反应消失，食欲旺盛，所以做丈夫的就需要在孕妇的饮食上下功夫。除了亲自选购、烹饪可口的食物外，还可以不时带妻子外出到餐厅享受一些丰富的美味菜肴。去餐厅应尽量选择宽敞、明亮、整洁、卫生条件好的地方，应避免人多喧闹的时候去，坐的位置应远离吸烟喝酒的人群。

胎教计划ABC

A.营养胎教

孕妈的饮食原则是均衡营养，要有良好的饮食习惯，不只是为胎儿提供充足的营养，而且能影响孩子出生后的饮食习惯，因为孩子的饮食习惯跟妈妈在怀孕期间的饮食习惯有关。所以，孕妇用餐应做到以下几点：

三餐要定时。孕妇应该在固定的时间吃饭，如早餐7～8点、午餐12点、晚餐6～7点，再忙，都不应该占用吃饭时间。

三餐要定量。一日三餐，每一餐都很重要，不应该被忽略或合并在一起，注意热量与营养的均衡摄取，平分在三餐之中。

三餐固定地点。为了将来的宝宝能专心坐在餐桌旁吃饭，孕妇应该在固定的地点吃饭。

用餐要专心。一边吃饭一边做别的事，例如吃饭的同时看书或吃饭的同时看电视都是坏习惯，准妈妈要专心吃饭，宝宝将来才会专心吃饭。

保持愉快的心情。进食过程应从容不迫，保持心情愉快。相同的食物，在津津有味地吃完后，那种满足感会直接传达到胎儿的大脑，以后宝宝就会容易接受这些妈妈吃过的食物。

保持食物多样化。准妈妈应尽量多吃天然

原始的食物，如五谷、青菜、新鲜水果等。身体所需的营养尽量从食物中获得，最好不要补充维生素制剂，因为目前仍有许多营养素尚未被发现，所以建议孕妇的三餐吃各种食物，如果每天吃25种不同的食物，营养就容易充足。

B.美食推荐

松子鳜鱼

【原料】鳜鱼1条（约600克），熟松子仁20克，熟青豆30克，鸡蛋2个。

【调料】食用油适量，番茄沙司10克，白醋6克，白糖5克，淀粉5克，黄酒、食盐、味精、胡椒粉各少许。

【做法】将鳜鱼去鳞、鳃和内脏洗净，剖开后鱼皮朝下平卧砧板上，用刀斜剞成梭子形，加黄酒、食盐、味精、胡椒粉腌渍入味备用；鸡蛋打散，将腌好的鱼裹上蛋液，拍上淀粉，入油锅中炸至外酥里嫩；锅留少许油，加少许清水，倒入番茄沙司、白醋、白糖调成酥甜味，加入熟青豆，勾芡后烧至熟，出锅浇在鱼身上，再撒上熟松子仁即可。

点评：孕期到了第4个月中期，大多数的孕妇都会孕吐消失，胃口大开，本道菜酸甜可口，能够增强食欲，同时鱼类还是优质蛋白质的食物来源，适量多吃，有益于胎儿的发育。

C.玩个小游戏

孕妈勤动手指，大脑也会得到相应的锻炼，更重要的是，胎宝宝也能因此而受益呢。下面，孕妈就来做做手指操吧！边做手指操，边念以下口诀：

一根手指点点头，两根手指剪剪布，三根手指弯弯腰，四根手指拉拉手，五根手指握拳头。步骤：

a.双手伸出食指连弯4下，同时念出口诀“一根手指点点头”；

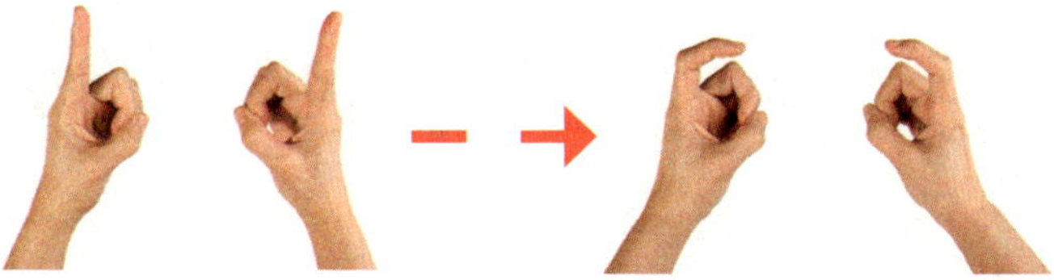

b.双手伸出食指、中指，指尖相对做剪刀剪4下，念口诀“两根手指剪剪布”；

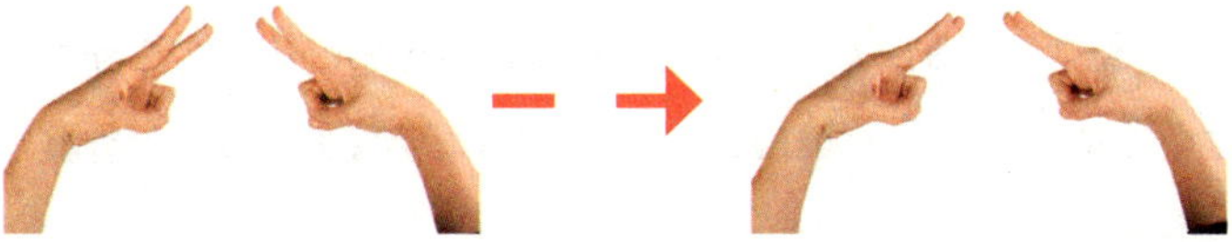

c.双手伸出食指、中指、无名指，相对弯4下，说“三根手指弯弯腰”；

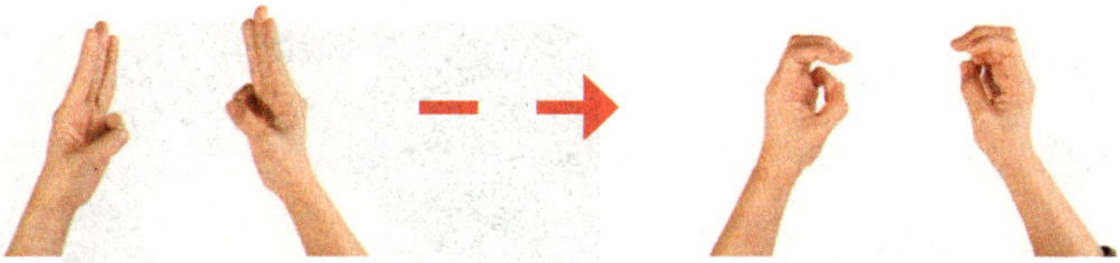

d.双手的食指、中指、无名指、小指4指，弯曲用力向两边互拉4下，说“四根手指拉拉手”；

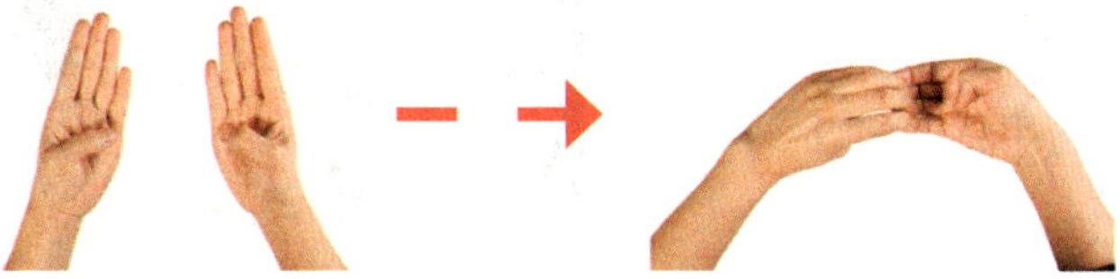

e.双手五根手指交叉用力握住，并前后摇4下，说“五根手指握拳头”。

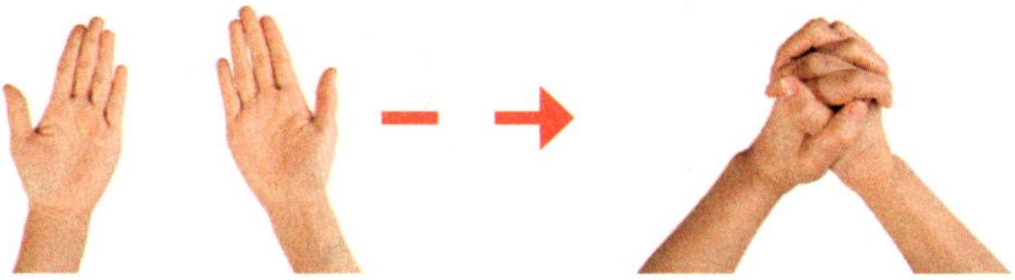

孕16周——妈妈，你感到我在动了吗

胎宝、孕妈的悄悄话

准妈妈：宝宝，今天爸爸和妈妈一起去孕婴商店了，给妈妈买了孕妇装，也给你买了非常漂亮的衣服哦！回家来妈妈穿上漂亮的孕妇装拍照留念，留给你长大以后看吧。

胎宝宝：妈妈，我现在约有150克了，双眼仍然紧闭，但是眼球可以移动了，皮肤薄而透明，能看到皮下的血管网。双臂及两腿的关节已经形成，硬骨开始发育。肉眼已能辨出我是男孩还是女孩，不过医生不会告诉你哦，

胎宝宝的成长

在妊娠16周后期，胎儿的身长约为16厘米，体重约100克。此时，胎儿的骨头和肌肉形成，母体还感觉不到胎儿的活动。

此时胎儿已完全具备人的外形，由阴部的差异可辨认男女，皮肤开始长出胎毛，内脏发育大致已经完成，心脏跳动活泼，可用超声波听诊器测出心音。

另外，胎盘在这时已形成，与母体的连接更紧密，流产的可能大大减少。由于胎盘长出，输送了母体供给胎儿的营养，胎儿的成长速度加快。胎膜也越发结实，羊水的量也从这个时期开始急速增加。

孕妈的变化

这个阶段，胎盘已形成，流产的可能性已减少许多，可算进入安全期了。孕妇已能感到乳房的增大，乳晕颜色变深，有些孕妈的乳房还能挤出透明、黏稠、颜色像水且微白的液体。

这段时期稍能看出腹部的隆起，子宫明显增大，已经有婴儿头颅大小了，在下腹部很容易摸到。

准爸爸也要参与

胎心能够直接反映小宝宝在子宫内的安危。到了孕中期，准爸爸应该学会听胎心。听胎心最简单最准确的方法是使用胎心仪，听时要学会分辨母体主动脉音和母体心音、胎心音与肠鸣音，具体区别是母体的心率较胎心跳动慢，胎心音是规律的，而肠鸣音是不规律的。正常胎心率一般每分钟120～160次，每天听1～3次。

孕妈在去医院做产前检查时，可先让保健医生帮助确定胎心的位置，然后在腹部做一个标记，回家后让准爸爸记住标记位置，再使用胎心仪测听。具体方法为：孕妈仰卧在床上，双腿平伸直，准爸爸将胎心仪直接放在腹壁上听即可。胎心每分钟超过160次或少于120次，或跳动不规则都属异常，说明胎儿在子宫有缺氧情况，应及时去医院。

胎教计划ABC

A.唱首儿歌吧

下面这首《两只老虎》几乎是家喻户晓的经典儿歌，妈妈可以唱给胎宝宝听听。孕妈在唱这首歌的时候，可以模仿老虎的样子做相应的动作，让胎宝宝感受到老虎可爱的样子，体会到逗趣的心情。

两只老虎，
两只老虎，
跑得快，
跑得快，
一只没有眼睛，
一只没有尾巴，
真奇怪！
真奇怪！

两只老虎，
两只老虎，
跑得快，
跑得快，
一只没有眼睛，
一只没有尾巴，
真奇怪！
真奇怪！

B.音乐欣赏

下面来欣赏法国作曲家德彪西的钢琴曲《月光》。这是作者早期代表作《贝加马斯卡组曲》中的第3曲。乐曲一开始，明亮的旋律以缓慢的速度向下浮动，宛如月亮正把银色的光芒洒向人间。接着，在连续的和弦进行中，上声部轻轻地奏出优雅如歌的月光曲。

中间部分由3个段落组成，是一个富于抒情意味的部分，好似抒写了人们在银色月光下浮想联翩、愉快歌唱的情绪。乐曲的再现部分，把淡淡的月色描绘得更加富于诗意。

这首乐曲能让人镇静安眠，孕妈在欣赏时，是不是也犹如置身在月夜的幽静景色下，让人美好陶醉？

孕17周——越来越调皮了

胎宝、孕妈的悄悄话

准妈妈：宝宝，最近你是不是熟悉了爸爸每晚的问候呢？你喜欢他讲的故事吗？嗯，乖宝宝，现在我们躺好了，今天就让你爸爸给我们朗诵一首诗吧！

胎宝宝：妈妈，我现在可灵活了，特别喜欢用手拉或抓住脐带玩，有时一不小心抓得特别紧，紧到只能有少量的氧气输送，妈妈我是不是太顽皮了？不过别担心，我很聪明的，不会伤到自己。

孕妈的变化

到第五个月时，孕吐情况会完全消失，孕妇的子宫已经相当大了，子宫底的高度位于耻骨上方15～18厘米处。

鉴于孕妇食欲旺盛，体重增加，又由于子宫的发育，心脏较正常位置上移，饭后有时会感到胃里的东西不易消化；还有，此时胎儿最容易吸收母体的营养，也是孕妇最容易贫血的时期。

准爸爸也要参与

孕妈的腹部日渐增大，乳房逐渐丰满，胸围也会一天比一天增大。因此，准爸爸是时候陪着孕妈一起去添置孕妇装了。现在市场上有很多孕妇服出售，孕妇装的具体的风格、样式还需要由孕妈自己做主，但准爸爸可以了解一些挑选孕妇装的小窍门，以便随时给她提出一点建议。

一般来说，孕妈在冬天

需要注意保暖，要穿厚实、保暖、宽松的衣服，如羽绒服或棉织的衣服，既防寒又轻便。夏季容易出汗，宜穿肥大不贴身的衣服，如穿不束腰的连衣裙，或胸部有褶和下摆宽大的短衣服，裤子的腰部要肥大，也可穿背带裤。

职业女性的孕妇装应挑选容易穿着、舒适、不妨碍工作、设计良好的服装。孕妈偶尔需要穿着正式的服装，但因机会不多，最好以产后也能穿的款式为宜。越简单越好，最好能遮饰腹部，袖子以宽松的较佳。

胎教计划ABC

A.美食推荐

香菇牛腩炖土豆

【原料】牛腩400克，土豆300克，干香菇20克，青、红椒片各少许，姜片、蒜片各适量。

【调料】食用油、食盐、酱油、姜汁、鸡精各适量。

【做法】干香菇洗净，浸泡至软后捞出切成块，浸泡的水留用；土豆去皮洗净，切滚刀块，牛腩洗净切块，焯烫至五成熟后沥水；锅中烧热油，下入姜片、蒜片炒香，再下入牛腩块、土豆块、香菇块翻炒一会儿，加入留用的浸泡香菇的水烧沸，转中火炖煮至食材均熟，下入青、红椒片和剩余调料，煮入味即可出锅。

B.诗歌朗诵

《同情》是印度具有世界影响力的著名诗人、作家泰戈尔的一首散文诗，全诗较短，以孩子的语气发问，从孩子的自白里，读者能看到一颗可爱的童心。也许成人会觉得不可思议：你就是妈妈的孩子，为何要问如果你是一只小狗，一只绿色的小鹦鹉呢？可是孩子不这样想。不管是小狗、小鹦鹉，还是你的小孩，都是活生生的生命！妈妈，如果你爱你的孩子，就爱这些自然中的小生命吧，它们同样需要人类之爱。

同 情

【印度】泰戈尔

如果我只是一只小狗，而不是你的小孩，
亲爱的妈妈，当我想吃你盘里的东西时，你要向我说“不”么？

你要赶开我，对我说道“滚开，你这淘气小狗”么？
那么，走罢，妈妈，走罢！
当你叫唤我的时候，我就永不到那里去，
也永不要你再喂我吃东西了。

如果我只是一只绿色的小鹦鹉，而不是你的小孩，
亲爱的妈妈，你要把我紧紧地锁住，怕我飞走么？
你要对我指指点点地说道“怎样的一只不知感恩的贼鸟呀！整日整夜地尽在咬它的链子”么？
那么，走罢，妈妈，走罢！我要跑到树林里去；
我就永不再让你将我抱在你的臂里了。

C.名画欣赏

对胎宝宝进行美学的培养，需要通过孕妈将感受到的美通过神经传导输送到胎宝宝，让宝宝与妈妈一起分享这一切。所以孕妈在孕期就应该多看一些美好的事物。下面孕妈就来欣赏这幅名画《清明上河图》吧。

《清明上河图》是北宋画家张择端存世的仅见的一幅精品，为中国十大传世名画之一，宽24.8厘米，长528.7厘米，绢本设色。这幅画生动地记录了中国12世纪城市生活的面貌，这在中国乃至世界绘画史上都是独一无二的。总计在5米多长的画卷里，共绘了550多个各色人物，牛、马、骡、驴等牲畜五六十匹，车、轿20多辆，大小船只20多艘。房屋、桥梁、城楼等也各有特色，体现了宋代建筑的特征。具有很高的历史价值和艺术水平。

仔细观察此图，只见小溪旁边的大路上一溜驮队，远远的从东北方向汴梁走来，5匹骡马负重累累，前面的马夫把领头的牲畜赶向拐弯处的桥上，后面的驮夫用马鞭把驮队驱赶向前，目的地快要到了，从驮工熟练地驾驭驮队的神情就知道他们是行走多年的老马帮了。小桥旁一只小舢板拴在树蔸上，几户农家小院错落有序地分布在树丛中，几棵高树枝上有4个鸦雀窝，看起来与现在鸦雀筑窝方式与高度别无二致。打麦场上有几个石碾子，是用于秋收时脱粒用的，此时还闲置在那里。羊圈里有几只羊，羊圈旁边似乎是鸡鸭圈，仿佛圈里饲养了很大一群鸡鸭，好一幅恬静的乡村图景，不由得惊叹，1000多年前的宋代有如此发达的农业和养殖业。

孕18周——爸爸妈妈，我是男宝还是女宝呢

胎宝、孕妈的悄悄话

准妈妈： 宝宝你是男孩还是女孩呢？妈妈想你这么爱运动，一醒来就在妈妈肚子里施展拳脚，肯定是男孩。其实不管是男孩或是女孩，你都是妈妈手心里的宝，爸爸妈妈都会非常疼爱你。

胎宝宝： 妈妈，这周我有15厘米、190克了，薄薄的皮肤下血管清晰可见，耳朵已长到正常的位置，我是不是长得很快呢？我现在可喜欢动了，经常在你肚子里戳、踢、扭动和翻转。

孕妈的变化

孕妇洗澡时最好选用淋浴的方式，不用盆浴。淋浴不需弯腰，适合身体不便的孕妇。孕妇洗澡时要特别注意行走平稳，以免摔倒。洗澡时，应该有人陪同，以防不测。此时阴道的分泌物也在增加，因此孕妇应该每天用温水清洗会阴部，保持阴道的干净、清爽，以避免湿疹的发生。

这时，在衣着方面，由于激素的分泌使乳房开始胀大，孕妇最好选择较大尺码的胸罩，避免束缚过紧而影响呼吸。孕妇下腹部逐渐凸出，腰围因此加大，因而裤子应选用宽松肥大的，否则会妨碍胎儿的生长。为防止腹部发冷及松弛，最好使用束腹带或腹部防护套。

准爸爸也要参与

此时对于孕妈来说，不断隆起的腹部逐渐使睡觉变成了一件痛苦的事——翻身难，腹部也容易因为睡姿而受到压迫。此时，准爸爸可以巧妙地利用枕头帮助孕妈解决这一难题。

当孕妈躺在床上准备休息时，准爸爸可以往她的身体下塞一个枕头，用以支撑她的肚子和后背。如果妻子习惯侧睡，准爸爸也可以在她的双腿之间塞一个枕头。这样一来，孕妈不仅能提高睡眠质量，还对保持孕期舒适的心情大有帮助。

这种孕期专用的侧睡枕在市面有卖的，它可以帮助孕妈在侧睡时支撑肚子，同时又避免腹部两侧肌肉韧带过度拉伸。

胎教计划ABC

A.美食推荐

四喜水饺

【原料】饺子皮200克，芹菜50克，蘑菇50克，水发黑木耳50克，胡萝卜丝50克，菠菜50克，水发粉丝30克，豆干30克，水发笋片30克，姜末30克。

【调料】盐10克，芝麻油10毫升，酱油15毫升。

【做法】所有食材洗净、过水、剁末，备用；取一大碗，将备好的食材放入混合，再加入所有调料搅成馅；取饺子皮，包入馅料，捏出长条饺子形状，头尾留开口，放入蒸锅蒸熟即完成。

点评：水饺清淡、易消化，饺子馅中的黑木耳、芹菜富含铁，胡萝卜富含维生素，蘑菇富含锌，这些营养素都是胎儿生长发育不可缺少的物质。

B.唱首儿歌

给宝宝唱儿歌吧，不会唱也没关系，将歌词生动地念给宝宝听也能达到较好的效果。对着漂亮的宝宝画像，唱道：

一边一个小脸蛋，
圆圆的小下巴，
黑色的大眼睛，
还有一个大脑门。
噢！
这就是妈妈的小宝宝！

眼睛

小眼睛，亮晶晶，
样样东西看得清。

耳朵

小耳朵，听得清，
妈妈叫，快答应。

鼻子

小鼻子，两个孔，
各种气味它都懂。

手

我有两只手，
十个手指头。

嘴巴

小嘴巴，会说话，
快快快，叫妈妈！

脚

小小脚，走路好，
宝宝不要大人抱。

C.诗歌朗诵

野外

潘人木

树林里有鸟，
鸟会飞。
怎么飞？
展翅飞去又飞回。

河里有鱼，
鱼会游。
怎么游？
摇摇尾巴转个头。

草里有虫，
虫会跳。
怎么跳？
抬起脚来弯弯腰。

D.听听音乐

孕妈可以给胎宝宝听一首贴近自然的乐曲，让胎宝宝和你一起徜徉在音乐勾勒出来的自然景色中。

听听瑞士班得瑞乐团的作品吧，像《春枝绿叶》《微风吹拂的方式》《风的呢喃》《静静的雪》以及《印度夏天的雨》，这些都是可以帮助孕妈静心的音乐。

孕19周——妈妈，唱首歌给我听吧

胎宝、孕妈的悄悄话

准妈妈： 宝宝，今天给你买了好多漂亮的衣服、袜子、鞋子，妈妈觉得都很好看，你看，那么多小小的鞋子，还有可爱的袜子，啊，真想都买下来，结果遭到了你爸爸的阻止。

胎宝宝： 妈妈，我现在大约15厘米，重240克左右。腺体开始分泌出一种黏稠的白色油脂状物质，这就是皮脂，具有防水作用，可防止我的皮肤长期浸泡在羊水中被腐蚀。我的大脑开始划分出嗅觉、味觉、听觉、视觉和触觉的专门区域。

孕妈的变化

胎动的次数和强度有一定的规律：妊娠5个月时，当孕妇精神集中，特别是在夜间躺在床上时，会感到腹部像有一只虫似的一下一下地蠕动，这就是胎动。胎动是了解胎儿发育状况的最佳方法，孕妇应将初次胎动的日期记下，以供医生参考。

怀孕的第五个月，也是胎儿大脑开始形成的时期，所以孕妇在这个时期应该注意从饮食中充分摄取对脑发育有促进作用的食品，以利于胎儿脑组织发育。核桃、花生、松子、板栗等，这些既可食用又可做种子的坚果具有加速脑细胞的分裂、增殖的作用，孕妇应该从此时起适当增加食用量。

准爸爸也要参与

从妊娠中期开始，胎教对胎儿的健康成长就更为重要了，这时的准爸爸应积极配合孕妈做好胎教工作，在准妈妈做胎教时从旁予以协助。要经常和胎儿说话，给胎儿讲故事或为胎儿唱歌，说话的时候轻轻地抚摸孕妇的腹部效果会更好。

准爸爸还可以为孕妈进行按摩，这样不仅可以预防孕妇的妊娠纹和赘肉，而且也是向妻子积极表达爱意的一种方式。夫妻的感情良好，就是最好的胎教。

此时期，丈夫还要陪同妻子去医院进行产前检查。

胎教计划ABC

A.美食推荐

油豆角炖排骨

【原料】猪排骨350克，油豆角200克，土豆250克，姜末、蒜末各少许。

【调料】食用油、盐、料酒、酱油、鸡精各适量。

【做法】将猪排骨洗净剁成块，油豆角洗净去筋；土豆去皮洗净，切成滚刀块；

锅上火，注油烧热，爆香姜末、蒜末，加入排骨块翻炒一会，倒入油豆角和土豆块继续翻炒匀，再加入适量水和料酒，焖煮至排骨熟烂，最后加酱油、盐和鸡精煮入味即可。

点评：食用猪骨能补充人体所必需的骨胶原等营养物质，可增强孕妈骨骼的造血功能，从而强壮机体，提高孕妈的抵抗力，让孕妈少生病。

B.知识胎教

胎宝宝的大脑逐渐具备了记忆功能，孕妈和准爸爸可以开展知识胎教的工作了。知识胎教以对图形、数字、文字、颜色、拼音、字母、物体和百科知识的认知为主。从现在起，孕妈可以每天给胎宝宝讲一个百科知识，如人从哪里来、地球是什么样子、时间是什么、我国的五十六个民族都有哪些等。

C.诗歌朗诵

江畔独步寻花

杜甫

黄四娘家花满蹊，
千朵万朵压枝低。
留连戏蝶时时舞，
自在娇莺恰恰啼。

诗词大意：春天的花开起来争先恐后，漫山遍野，黄四娘家旁的一整条路都开满了花，把树枝压得都垂下来了，旁边还有一群群在花间流连飞舞的蝴蝶和快乐歌唱的黄莺。这活泼热闹的春天，真让人心花怒放！

孕妈在朗诵的同时，在脑海中想象一下这美好的春天吧，这样不仅对自己的心绪有好处，还能将这种积极的情绪传达给腹中的胎宝宝，让胎儿也能感受到古诗的魅力。

D.画个画吧

孕妈勤动手，不仅对自己是种锻炼，还能给胎宝宝带来良好的刺激。今天，孕妈来画个简笔画吧。所谓简笔画就是用简单的线条画出事物主要的外形特征，要画得“简”、画得像，就必须删掉细节，突出主要特征，把复杂的形象简单化。

色彩对人的视觉影响最大，因此妈妈画完之后最好给所画的作品涂上合适的颜色，孕妈将鲜艳和谐的色彩传递给宝宝，也会给他带来美的感受。

在画画的过程中，孕妈可以告诉宝宝现在画的是什么，还可以用简短的语言概括所画的步骤，完成后再让宝宝好好欣赏。

现在孕妈准备好纸和笔，按下面的步骤画一只可爱的小鸭子吧。

步骤a：先画鸭子的头和胖胖的身子。

步骤b：再来画嘴巴和脚。

步骤c：给可爱的小鸭子涂上颜色，宝宝，你也来欣赏妈妈画的小鸭子吧。

孕20周——滑溜溜的小家伙

胎宝、孕妈的悄悄话

准妈妈：宝宝，最近你可真好动，妈妈能感觉你像鱼一样在轻轻游来游去，一刻也不闲着。医生阿姨说你对子宫外的声音已经有反应了，那以后岂不是妈妈都不能和人说悄悄话了？

胎宝宝：妈妈，我长出头发了，牙齿正在发育，四肢已发育良好。感觉器官开始按区域迅速发育，神经元数量的增长开始减慢，但是神经元之间的相互联通开始增多，形成记忆与思维功能的神经联系也在增加。

胎宝宝的成长

到了孕期第五个月，胎儿的生长速度是惊人的，身长约为25厘米，体重250~300克。头约为身长的1/3，全身长出细毛（毫毛），鼻和口的外形逐渐明显，头发、眉毛、指甲等已齐备。

用超声波观察这个时期胎儿的行为，发现胎儿最常见的动作是吸吮手指。在母亲腹中，胎儿吸吮手指的程度，待胎儿出生后检查手指就可以知道，有些胎儿甚至会吸得手指长茧。满5个月的宝宝，已经具备微弱的视觉。

孕妈的变化

随着胎宝宝的成长，孕妈的身体会愈加笨重。日常生活中要注意自己的饮食起居，注意预防贫血、妊娠糖尿病、便秘、腰背肌肉劳损，以及感冒和意外伤害。

腹部一天天隆起，所有人都知道你是一位孕妇了，你可以大方地接受来自身边人的关心和祝福。

准爸爸也要参与

研究发现，没有经过胎教的新生儿，对不熟悉的女性逗乐也会表现微笑，而爸爸逗乐则反而会哭。这正是孩子从胎儿期到出生后的一段时间里，对男性的声音不熟悉所造成的。为了消除孩子对男性包括对爸爸的不信任感，在孕期，准爸爸应对胎儿多讲话。据研究，胎儿的听觉容易接收低频音，因而对准爸爸沉稳、低沉的声音很敏感。如果爸爸长时间不在家，可事先录一卷录音带，这样宝宝就可以随时听到爸爸的声音了。

胎教计划ABC

动动手吧

孕妈利用闲暇时间，用皱纹纸来折一朵艳丽的康乃馨吧！康乃馨 ，学名香石竹，又名狮头石竹。1907年起，开始以粉红色康乃馨作为母亲节的象征，因此现在常被作为献给母亲的花。步骤如下：

a.准备好图中的物品：绿色、粉红色皱纹纸，绿胶带，粗细铁丝，剪刀，双面胶等；

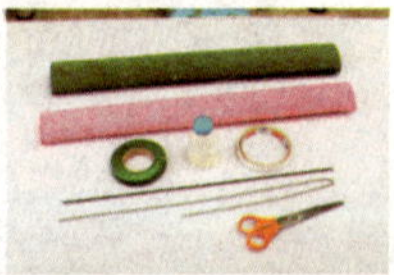

b.将粉红色皱纹纸剪两条12厘米宽的纸条；

c.将纸条对折后剪开；

d.将纸条卷成细长条后再扭紧，使纸张变得更皱、更软，拆开纸张；

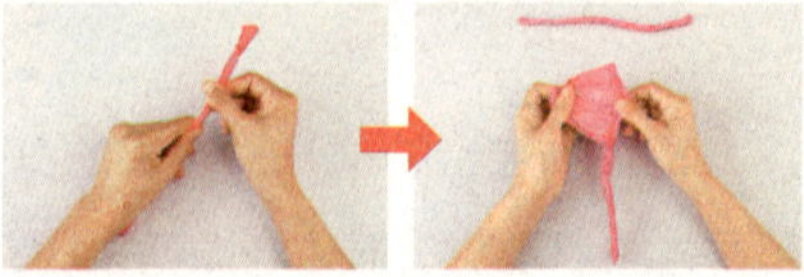

e.准备一个半圆形的硬纸板，比画出差不多的长度，对折；

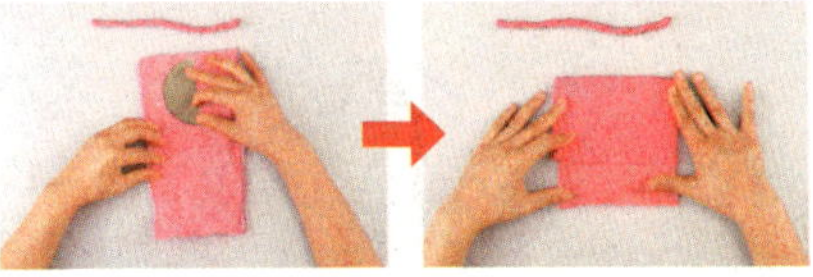

f.再从右向左对折；

g.比照硬纸板剪出半圆形；

h.按此方法依次将纸都剪好，打开即成一个圆形；

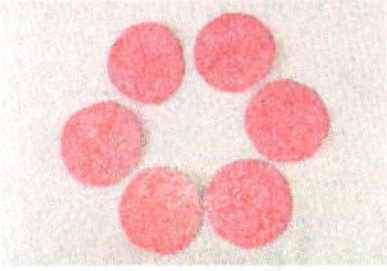

i.将圆形纸对折两次呈扇形，再将扇形纸边剪成锯齿状；

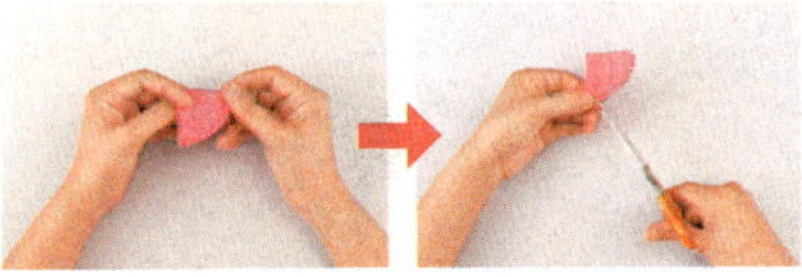

j.将扇形纸右边往左1/2处折叠，左边则向后折；

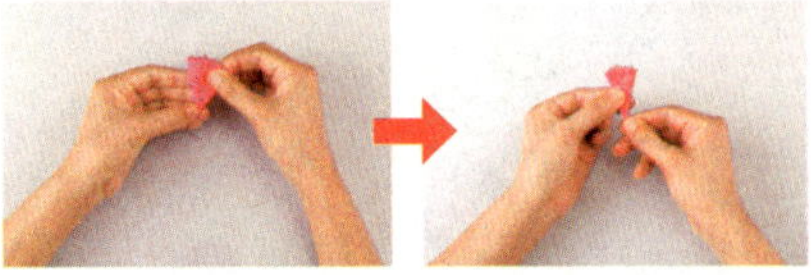

k.将两处折叠处用剪刀剪开2/3，注意不要剪断；

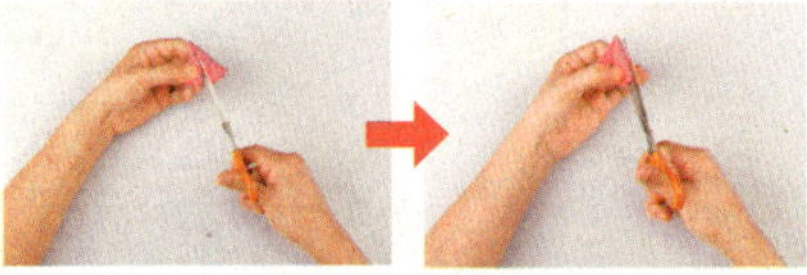

l.将扇形纸都按以上方法剪好，打开后如图所示；

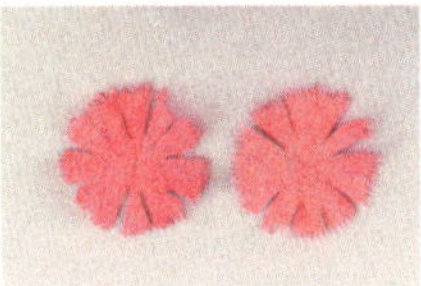

m.将纸折回扇形；

n.如图所示分别将中间拧紧；

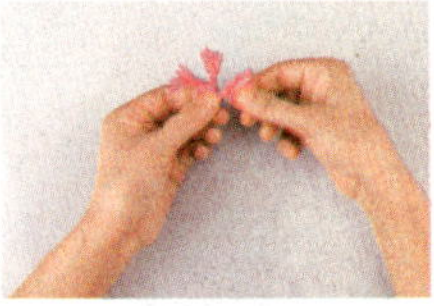

o.再打开，即成花瓣，将剩下的纸按此方法全部做好；

p.将粗铁丝一头用钳子拧弯，再贴上双面胶，用铁丝将做好的花瓣穿起，使之粘在双面胶上；

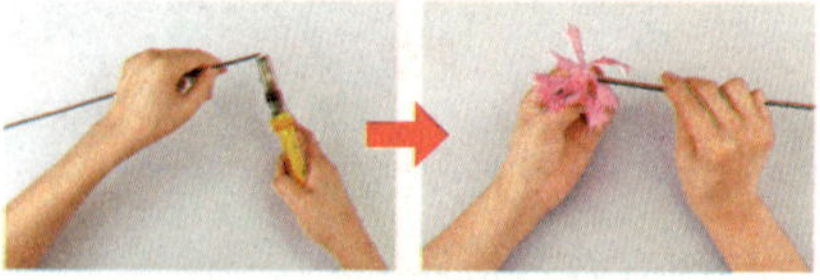

q.将剩下的花瓣都穿好；

r.将一小张纸巾叠成细条状，包裹在花萼处，用双面胶粘好；

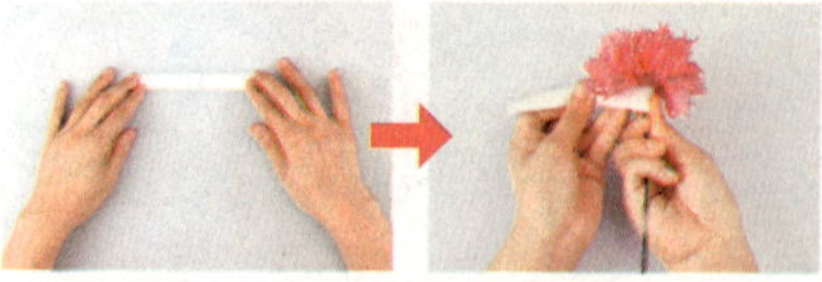

s.用一小张绿色皱纹纸剪成较大的锯齿状；

t.包裹住纸巾，再用胶水粘好，即成花萼；

u.将绿色皱纹纸剪成两张一样的长条形，在一个纸上贴上双面胶，中间放上细铁丝，再贴上另一条纸；

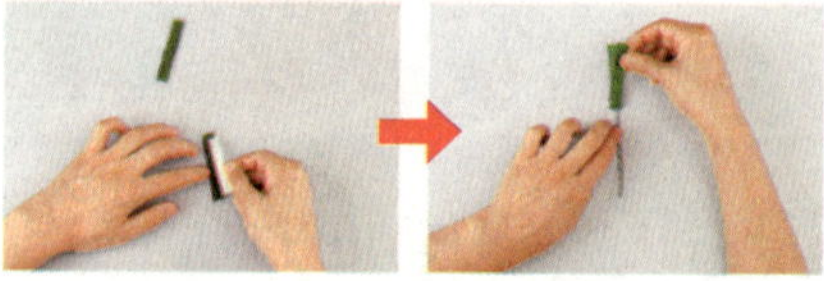

v.用剪刀剪成细长的绿叶形；

w.按此方法做好3对从小到大的绿叶；用绿胶带将绿叶缠绕在铁丝上，再整理好绿叶；

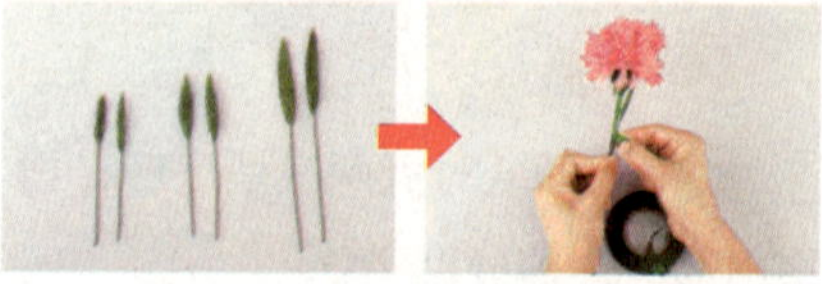

x.一朵漂亮的康乃馨即完成了

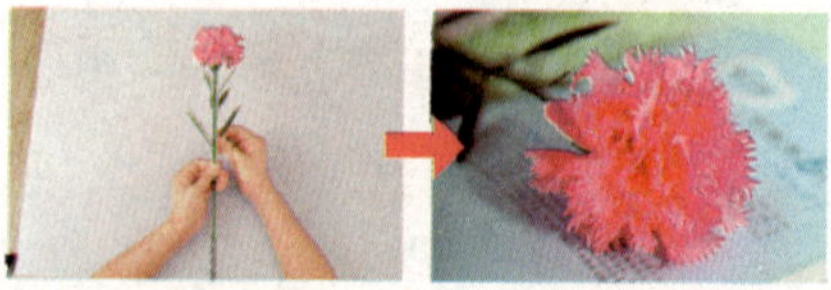

孕21周——我开始长指甲了

胎宝、孕妈的悄悄话

准妈妈： 宝宝今天真淘气，妈妈抚摸肚子你就动，可是爸爸来摸肚子你就不动，就是不理爸爸，他都要生气了。咱下次还是给爸爸点面子吧，要不他不给你念书啦！

胎宝宝： 妈妈，我现在体重增长可快了，手指和脚趾也开始长出指（趾）甲。而且能够听到妈妈的声音，所以妈妈要和我多说话。今天不要给我讲故事了，给我唱首歌吧，妈妈唱得可好听了！

准爸爸也要参与

大多数孕妈在怀孕后皮肤色素加深，乳晕、外阴和大腿内侧等处颜色都会变深。有的孕妈面部还会形成蝴蝶斑，这是由于雌激素和孕激素刺激了垂体黑色素的分泌。准妈妈可能会因自己日益笨重的体形、妊娠纹等而感到沮丧，这时准爸爸就应该学会赞美妻子，要告诉她，她非常漂亮，你非常喜欢她现在的样子，她现在非常伟大，为孕育你们的宝宝而受累，自己为她感到自豪。这些话也许不被她当真，但会使她心情舒畅起来。

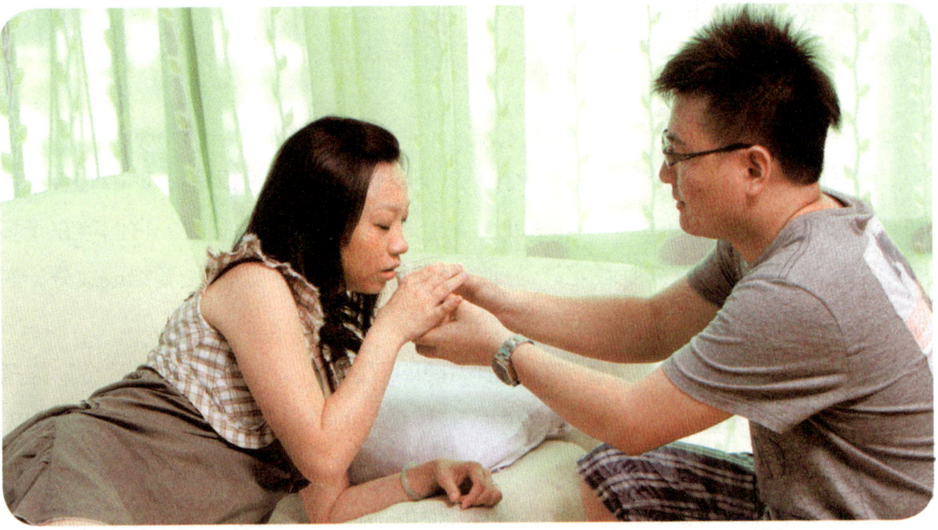

胎教计划ABC

A.美食推荐

可乐饼

【原料】熟土豆500克，面粉30克，猪绞肉50克，面包粉30克，鸡蛋1个，香菇沫20克。

【调料】食用油适量　胡椒粉10克　盐10克。

【做法】油起锅，炒香香菇沫和猪绞肉，加入盐、胡椒粉翻炒，盛盘；熟土豆捣成泥，加入炒好的食材拌匀，做成圆饼状备用；土豆饼依序沾上面粉、蛋液、面包粉，入油锅，炸至金黄即可。

点评：禽蛋中的维生素B_6对胎儿的中枢神经系统增长有重要的作用，孕5月是胎儿大脑开始形成的时期，所以这个时期孕妈应注意充分摄入对胎儿大脑发育有益的食物。

B.科学认识DHA

DHA（二十二碳六烯酸）、EPA（二十碳五烯酸）和脑磷脂、卵磷脂等物质合在一起被称为“脑黄金”。其中DHA是一种多价不饱和脂肪酸，它们存在于多种组织器官中，是构成细胞膜尤其是神经系统细胞膜和视网膜的重要组成成分，对胎儿大脑和视网膜的发育起着十分重要的作用。

对于孕妇来说，“脑黄金”有着很重要的双重意义。首先，“脑黄金”能预防早产，增加婴儿出生时的体重。服用“脑黄金”的孕妇与一般产妇相比早产率下降1％。其次，“脑黄金”的充分摄入能保证婴儿大脑和视网膜的正常发育。

在孕期，DHA是优化胎儿大脑锥体细胞磷脂的构成成分。特别是在胎儿满5

个月后，如果人为地刺激胎儿的听觉、视觉、触觉，会引起胎儿大脑皮层感觉中枢的神经元增长更多的树突，这就需要母体同时供给胎儿更多的DHA。DHA不仅对胎儿大脑发育有重要影响，而且还有助于视网膜光感细胞的成熟。就是说，DHA能令宝宝大脑聪慧、眼睛明亮。

DHA可从海洋食品中获得少量，特别是海鱼类，还有鸡、鸭、鸡蛋等，或通过专业营养品补充。

一般来说，鱼油类DHA制品在孕中期（孕20周后）至胎儿出生后6个月内服用效果最佳。因为在这个时期是胎儿大脑中枢的神经元分裂和成熟最快的时期，也是对DHA需要量最多的时期。在宝宝出生后，母亲可继续服用DHA，通过乳汁传递给孩子。

α-亚麻酸营养品的最好补充时间在孕晚期（孕28周后）至胎儿出生后6个月内，因为孕产妇在这个时期，可利用母血中的α-亚麻酸合成DHA，然后通过血液或乳汁输送给胎儿。

C.讲个故事吧

今天孕妈给宝宝讲《瓜田李下》这个成语故事吧。

在古代，有一个人经过瓜田的时候鞋子掉了，他弯腰用手去提鞋，结果被别人误认为是要偷瓜田里的瓜。又有一个人，从李子树下经过的时候，帽子歪了，他用手扶正了一下帽子，被误认为是要偷李树上的李子。

成语解说：古诗《君子行》开头四句是：“君子防未然，不处嫌疑间。瓜田不纳履，李下不整冠。”意思是：那些有道德有修养的人，随时要警诫自己，防患于未然，不使自己处于发生嫌疑的是非之地，从瓜田里路过，鞋子掉了也不要弯腰去穿上它，从李子树下经过，帽子歪了也不要去扶正它。

D.美文欣赏

下面这篇文章是美国作家艾尔玛·邦贝克所写，他以朴实、平淡的笔调描述了一位不懂得怎样口头表达爱的父亲的形象。父亲对孩子的爱，也许不善于表达，但一定是深厚的。现在就让我们来感受这不一样的父爱吧。

父亲的爱

【美】艾尔玛·邦贝克

爹不懂得怎样表达爱，使我们一家人融洽相处的是我妈。他只是每天上班下班，而妈则把我做过的错事开列清单，然后由他来责骂我。

有一次我偷了一块糖果，他要我把它送回去，告诉卖糖的说是我偷来的，说我愿意替他拆箱卸货作为赔偿。但妈妈却明白我只是个孩子。

我在运动场打秋千跌断了腿，在前往医院途中一直抱着我的，是我妈。爹把汽车停在急诊室门口，他们叫他驶开，说那空位是留给紧急车辆停放的。爹听了便叫嚷道："你以为这是什么车？旅游车？"

在我生日会上，爹总是显得有些不大相称。他只是忙于吹气球，布置餐桌，做杂务。把插着蜡烛的蛋糕推过来让我吹的，是我妈。

我翻阅照相册时，人们总是问："你爸爸是什么样子的？"天晓得！他老是忙着替别人拍照。妈和我笑容可掬地一起拍的照片，多得不可胜数。

我记得妈有一次叫他教我骑自行车。我叫他别放手，但他却说是应该放手。我摔倒之后，妈跑过来扶我，爹却挥手要她走开。我当时生气极了，决心要给他点颜色看。于是我马上爬上自行车，而且自己骑给他看。他只是微笑。

我念大学时，所有的家信都是妈写的。他除了寄支票以外，还寄过一封短柬给我，说因为我没有在草坪上踢足球了，所以他的草坪长得很美。

每次我打电话回家，他似乎都想跟我说话，但结果总是说："我叫你妈来接。"我结婚时，掉眼泪的是我妈。他只是大声擤了一下鼻子，便走出房间。

我从小到大都听他说："你到哪里去？什么时候回家？汽车有没有汽油？不，不准去。"爹完全不知道怎样表达爱。除非……

会不会是他已经表达了而我却未能察觉？

孕22周——皱巴巴的“小老头儿”

胎宝、孕妈的悄悄话

准妈妈：宝宝，妈妈今天和你爸爸一起去散步，看到了一个好可爱的小姐姐，她对你也很好奇，还摸了妈妈的肚子，你是不是也特别高兴有小朋友和你一起玩呢？那就快快长大吧，等你出生后就会有很多小朋友的。

胎宝宝：妈妈，我现在长得还不算漂亮，你看到我可能会认为我是个皱巴巴的“小老头儿”，其实是因为我体重依然偏小的缘故，皮肤还没撑起来。当然这褶皱也是为皮下脂肪的生长留有余地。此时我的眼睛已发育，眉毛和眼睑已经清晰可辨。

孕妈的变化

孕妈在这个时期，腹部明显隆起，最好采取左侧卧位的睡眠方式，这样可使因妊娠造成的右旋子宫转向前位，以减少因右旋子宫引起的胎位或分娩的异常；还可以避免子宫对下腔静脉的压迫，增加回心血量和心血排出量，减少下肢浮肿，增加子宫和胎盘的血液灌注量，有利于胎儿在子宫内生长发育，减少早产率和胎儿宫内生长迟缓等并发症。

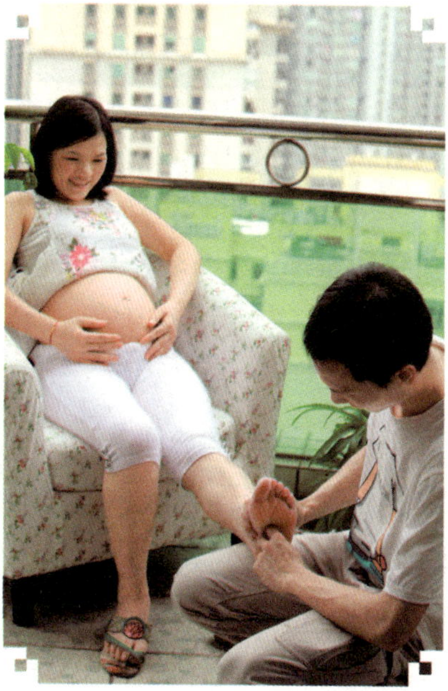

孕妈的妊娠纹会越来越多，腰痛、背痛、便秘的情况会越来越普遍，乳房会越来越大。孕期6个月时，由于胎宝宝对钙元素的大量摄取，有时候孕妈会出现下肢肌肉痉挛的现象，这个时候的孕妈可以适当补钙，蛋白质、食盐、铁也要适当增加。

准爸爸也要参与

准爸爸每天下班回家后都要以一种愉快的心情来面对妻子，即使遇到一些不愉快的事也不要在妻子面前表现出来，以免影响她的心情。在天气适宜的时候，可在每天晚饭后陪孕妈一起散散步。

准爸爸还可以偶尔给妻子一些惊喜，像给妻子送一些小礼物，带回一些她喜欢的食品等。让妻子有幸福的感觉，胎宝宝也会在妈妈肚子里轻松快乐地成长。

胎教计划ABC

A.美食推荐

南瓜山药炖鸡

【原料】柴鸡半只，南瓜300克，山药200克，鲜虫草花10克、姜片适量。

【调料】食盐适量。

【做法】将柴鸡切成块，入沸水中焯烫一下捞出备用；南瓜、山药均去皮洗净，切块；将焯好的鸡块、姜片下入沸水中炖煮半小时，下入山药、南瓜块、鲜虫草花，一同炖煮至鸡肉熟烂后加食盐调味即可。

点评：鸡肉富含蛋白质，能够为胎儿的器官发育提供所需。

B.动动手吧

现在，孕妈动手给宝宝画一幅可爱的图画吧。按照以下步骤画鱼，画完后再给鱼儿涂上鲜艳的颜色，然后和宝宝一起好好欣赏一下自己新鲜出炉的“作品”吧。步骤如下：

步骤a：先画一个椭圆形，前方开口为鱼嘴；

步骤b：再画上鱼的眼睛；

步骤c：画一个鱼尾及2个鱼鳍；

步骤d：将眼睛中涂黑当眼珠，背上再画一个大的鱼鳍；

步骤e：一个卡通味十足的鱼儿就画好啦，再涂上鲜艳的颜色吧。

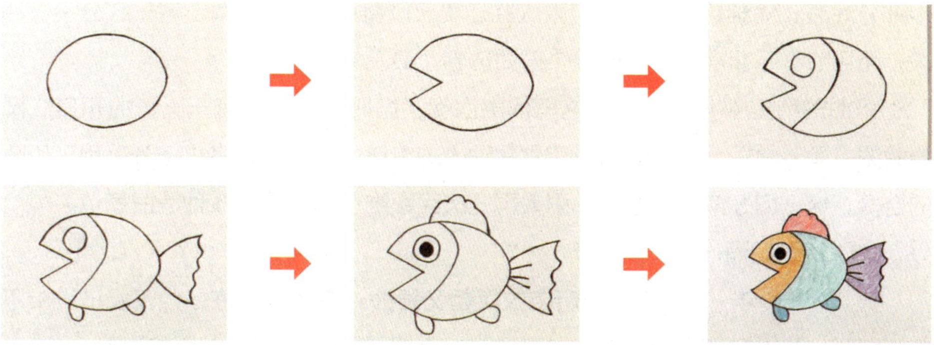

C.听听音乐

《维也纳森林的故事》是奥地利音乐家小约翰·施特劳斯继圆舞曲《蓝色多瑙河》之后的又一部杰作。

这首乐曲由序奏、五个圆舞曲和尾声构成，其结构属于典型的维也纳圆舞曲式。乐曲的开始是一段很长的序奏。两支圆号的旋律描绘了优美动人的风景，双簧管和单簧管吹出抒情流畅的曲调，像是牧人的牧歌和角笛。钟声的响起，给音乐增加了光彩。然后，大提琴缓缓奏出第一圆舞曲的主题，作为全曲的引子。大提琴浑厚的音调、圆号美丽的牧歌和长笛玲珑的装饰音节，构成了一幅美妙且色彩斑斓的画面。奥地利的民间乐器齐特尔琴的加入更增添了浓厚的奥地利民族色彩，这种特色型乐器拨奏出这首圆舞曲中最主要的一段旋律，轻柔而华

美，仿佛晨曦透过浓雾照进维也纳森林，还伴随着鸟儿们婉转的鸣叫。

第一圆舞曲为F大调，描绘出了森林清晨的美景，及人们轻歌曼舞的场面。第二圆舞曲为降B大调，由大提琴演奏出来。这段主旋律与前面序奏中的主题几乎完全相同，但节奏要快得多。第三圆舞曲为降E大调，三部曲式。描绘的仍然是森林美景。 第四圆舞曲在降B大调上，二部曲式。前半部分轻快，旋律充满跳跃性；后半部分活泼、优雅，伴奏部分引人入胜。第五圆舞曲为降E大调，这一部分不仅活泼，而且节奏性非常强，使得整个乐曲达到了最高潮。

乐曲的结尾部分很长，在这里依次出现了第四圆舞曲、第一圆舞曲和第二圆舞曲的主题。之后，序奏时的齐特尔琴动人的旋律重新出现，终止部分采用了乐队的合奏。这一切好似一个总结，引人再一次回顾维也纳森林的各种美丽景色。

D.诗歌朗诵

黄巢（820年～884年），唐末农民起义领袖。下面这首诗是他曾屡试进士不第后所写。黄巢起义延续数十年，导致藩镇割据，拉开了唐朝覆灭的序幕。

不第后赋菊

黄巢（唐）

待到秋来九月八，

我花开后百花杀。

冲天香阵透长安，

满城尽带黄金甲。

诗词大意：这首诗前两句写菊花开放的季节和情景，后两句写菊花开放的气势。用“我花”和“百花”对比，突出了菊花的坚强和自豪。后用“冲天香阵”“黄金甲”表现菊花的威力和自信。

原文赏析：这首诗赋予了菊花新的喻意：它有抵御风霜、高出百花的坚强品格和斗争精神，暗喻着诗人要打破唐王朝腐朽统治的战斗精神和远大的抱负。

孕23周——妈妈，您为什么生气呢

胎宝、孕妈的悄悄话

准妈妈：亲爱的宝宝，姥姥今天来看你啦，还给你买了礼物哦，好多漂亮的衣物，还有好可爱的宝宝图画，姥姥将宝宝图画贴在妈妈的卧室里，让妈妈天天看，说这样你会像图上的宝宝一样可爱、漂亮！

胎宝宝：妈妈，本周我的体重在400克左右，身长19～22厘米，我的听力基本形成，所以能辨别出妈妈的声音了，视网膜也已形成，具备了微弱的视觉。

孕妈要知道

在夏季时，孕妇不要贪图凉快，用冷水冲脚。因为脚底脂肪薄，血液循环差，是全身温度最低的部位。如果经常用冷水冲脚，则会使脚进一步受冷遇寒。反射性引起呼吸道痉挛，容易患感冒，而且还会使脚底较发达的汗腺遇冷后突然闭合，发生排汗功能迟钝，时间久了因血管急剧收缩，容易导致关节炎等疾病。

因此，孕妇应该特别注意对脚的洗浴。孕妇在沐浴完毕后，可用适度的温水对脚进行特别浸泡，时间为15分钟左右，如果有条件可用专用的按摩洗浴脚盆，进行适度的足浴。

准爸爸也要参与

此时期孕妈易感到疲劳，这会间接对胎儿产生影响，丈夫应对妻子的手腕、脚等部位进行适当地按摩，特别是为了让孕妈的上半身和下半身的血液循环更加舒畅，四肢的按摩

更不能少。晚上睡觉前，准爸爸可以帮妻子进行脚底按摩，以促进血液循环，还可以让孕妈用茶叶水浸泡双脚，这样有助于安神。

另外，也可配合妻子一同对乳房进行护理，以利将来哺乳。具体方法是：丈夫把手洗干净，用温热的毛巾轻轻擦拭妻子乳头的周围，然后用橄榄油或冷霜进行按摩。

胎教计划ABC

A.美食推荐

清蒸鲈鱼

【原料】鲈鱼1条（约450克），红椒10克，香葱2根，姜1小块。

【调料】植物油、食盐、生抽各少许。

【做法】葱洗净切丝，姜去皮切丝，红椒洗净切丝；鲈鱼去内脏洗净，鱼身上剞几刀，抹上食盐，摆入盘中，倒入剩下的调料，撒上姜丝，放入蒸锅大火蒸7分钟，取出撒上葱丝和红椒丝；锅中放油烧热，淋在葱丝上即可。

B.翻花绳

在翻花绳的过程中，一个目的就是尽量顺利完成整套动作。只有眼明手快、头脑清晰、手指灵活，玩者才能变出花招，不然就会频频打结。翻花绳除了一个人自己玩，也可以两个人一起玩，变化的花式可以更多种类。所以，只要你有一条够长的绳子跟灵巧的双手并且找到了一个好伙伴，就可以玩出有趣又好玩的游戏。

孕妈在空闲的时间可以玩玩翻花绳游戏，妈妈动手的同时也可以使大脑更灵活，这对胎宝宝的大脑发育也是有利的。下面就来教孕妈翻降落伞吧。

a.如图，将绳子套在大拇指和小指上，孕妈的右手向下拉左手心的绳子；

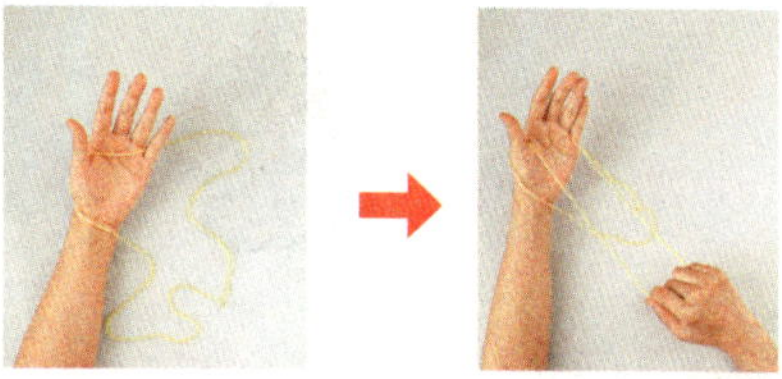

b.孕妈的右手再向下拉左手心的绳子；

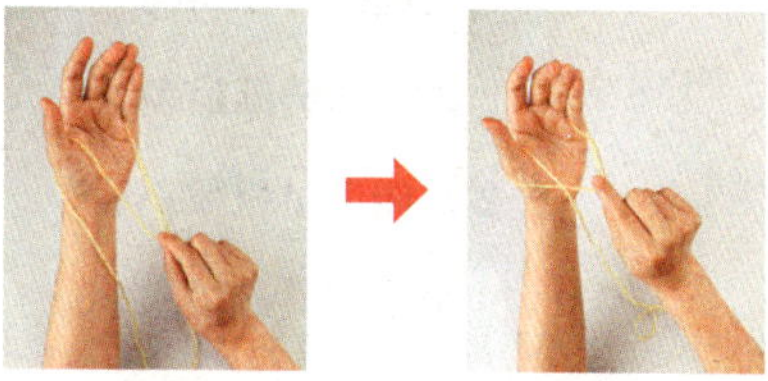

c.孕妈用右手的拇指、食指由外向内套入左手拇指、小指所形成的小圈内，向下拉；

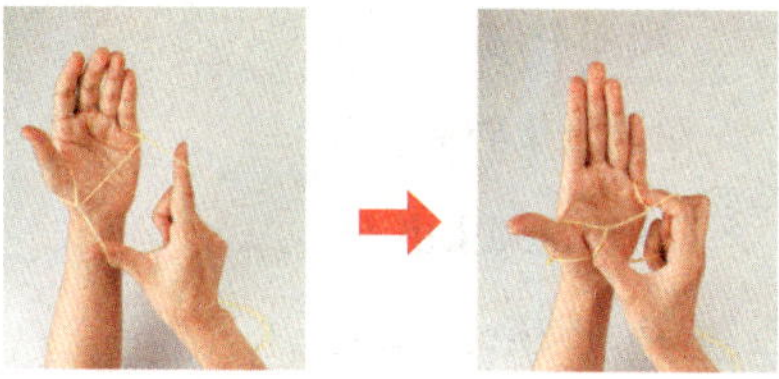

d.孕妈左手食指、中指、无名指向下，伸入右手挑起的3个孔中；

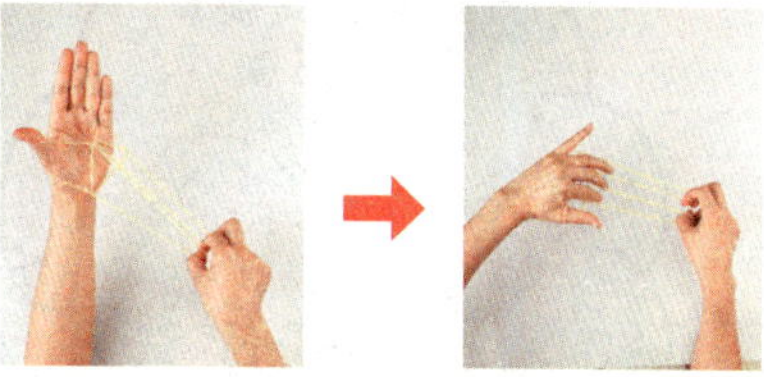

e.孕妈的右手挑起左手心的绳子，向下拉后即成降落伞了。

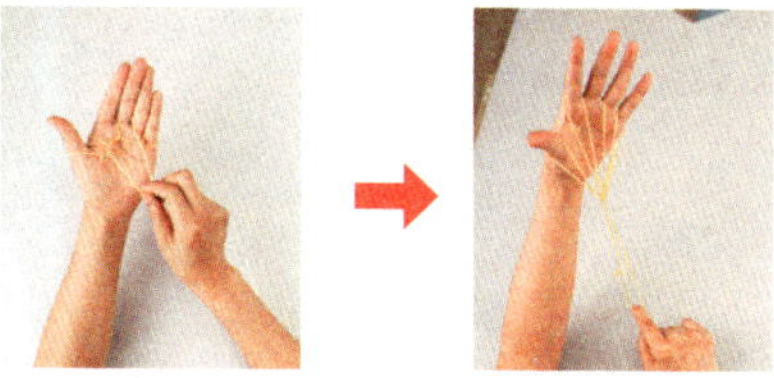

C.唱个歌吧

流行、古典、民间小曲轻快优美的旋律，对培育优质胎儿有着绝对的益处。宝宝在舒缓的音乐中还能获得稳定而愉快的心情。 那么，孕妈就来听一听这首《采蘑菇的小姑娘》吧。歌词如下：

采蘑菇的小姑娘，
背着一个大竹筐，
清早光着小脚丫，
走遍树林和山岗。
她采的蘑菇最多，
多得像那星星数不清，
她采的蘑菇最大，
大得像那小伞装满了筐。
赛罗罗罗罗罗罗罗赛罗里赛，
赛罗罗罗罗罗罗里赛罗里赛，
赛罗罗里赛罗罗里赛罗罗里赛罗罗里赛。

谁不知山里的蘑菇香，
她都不肯尝一尝，
盼到赶集的那一天，
快快背到集市上。
换上一把小镰刀，
再换上几块棒棒糖，
和那小伙伴一起，
把劳动的幸福来分享。
赛罗罗罗罗罗罗罗赛罗里赛，
赛罗罗罗罗罗罗里赛罗里赛，
赛罗罗里赛罗罗里赛罗罗里赛罗罗里赛。

孕24周——最后三个月了，妈妈加油

胎宝、孕妈的悄悄话

准妈妈：宝宝，爸爸说妈妈为了养育你辛苦了，而你努力生长也非常辛苦，所以决定带我们去放松一下——去旅行！听到这个消息你一定又兴奋得手舞足蹈了吧？好，咱们收拾一下行李，带你去看美好的风景！

胎宝宝：妈妈，我的身体正在协调生长，大脑发育得非常快，味蕾现在也在发挥作用了。我的皮肤是半透明的，汗腺在形成，会咳嗽和打嗝，外貌已像出生时的婴儿，我在逐步变成为有意识的、对感觉有反应的人。

胎宝宝的成长

孕期满六个月时，胎儿身长约为30厘米，体重约700克，开始充满整个子宫。身体逐渐变得匀称，皮下脂肪的沉着进展不大，因此胎儿还是很瘦，全身都是皱纹，皮肤呈黄色。胃肠会吸收羊水，肾脏排泄尿液。此时用听诊器可听出胎儿的心音，听觉神经系统已发育完全，对外界的声音刺激更加明显。

这个阶段的宝宝，大脑细胞分化迅速，体积增大，这表明宝宝进入大脑发育的高峰期。这个时候的孕妈，要多吃一些核桃、

芝麻、花生之类的健脑食品，为宝宝成长提供更充足的营养。

孕妈的变化

怀孕第六个月末时，孕妇子宫底高度为约为24厘米（22.0～25.1厘米），肚子越来越凸出，接近典型孕妇的体型，体重急剧增加，大约以每周增加250克的速度在迅速增长，腰部增粗已很明显。

孕期六月，孕妈可以开始为分娩做准备了，打算顺产的孕妈，如果需要可以报分娩学习班，学习一些分娩的技巧和呼吸方法。

准爸爸也要参与

从这时开始，应该为将来的分娩做准备了。此时孕妈的活动较晚期相比还比较方便，所以准爸爸应趁这个时候和孕妈一起准备好分娩用品，并布置好宝宝的房间。

准爸爸可列出一张所需物品的清单，再在合适的时候与孕妈一起逐一地购买宝宝的衣服、奶瓶等用品，当前需要的物品一定要购买，而有些物品在分娩以后再购买也不晚。注意，购物时要为孕妈的身体考虑，购物环境要选择宽敞、明亮的地方，长时间走动对孕妈的身体不利，所以不宜一次买齐所有物品，可分几次进行选购，总之，一切以孕妈不感到劳累为度。

胎教计划ABC

A.美食推荐

芝麻肠粉

【原料】袋装肠粉皮500克，绿豆芽200克，火腿、熟白芝麻各少许，蒜蓉适量。

【调料】食用油、食盐、胡麻油、胡椒粉各少许，酱油适量。

【做法】肠粉皮切成宽长条；绿豆芽洗净，焯熟，火腿洗净切丝焯熟；净锅放油烧热，爆香蒜蓉，加少许水煮沸，再倒入酱油、胡麻油、胡椒粉和食盐，煮开备用；取肠粉铺开，包入焯熟的绿豆芽、火腿丝，装入盘中，淋入备好的酱汁，再撒入熟白芝麻即可。

B.运动胎教

我们知道，散步是孕妈最好的运动方式，在散步的同时，还可以进行对话胎教和爱抚胎教。散步的时候，孕妈不时给胎儿讲有趣的故事或周围环境的变化等，可使胎儿在母体中就能了解外面的世界。母亲以平和的心态走在林荫小路上，可以对子宫产生规律性的按摩。研究发现，胎儿的大脑和皮肤有着密切的联系，因此刺激胎儿的皮肤也可以促进胎儿大脑的发育，刺激胎儿皮肤最好的方法便是有规律地抚摸子宫，所以孕妈也要经常抚摸肚子。

C.动动脑吧

孕妈再来猜几道脑筋急转弯的题目吧，啼笑皆非的答案常常逗得人开怀大笑。在孕期经常猜一猜此类游戏，不仅能让孕妈开动脑筋，还能愉悦心情。问题如下：

a.世上什么东西比天更高?

b.三个金叫鑫，三个水叫淼，三个人叫众，那么三个鬼应该叫什么?

c.什么东西比乌鸦更讨厌?

d.有一个人一年才上一天班又不怕被解雇，他是谁?

e.你的爸爸的妹妹的堂弟的表哥的爸爸与你叔叔的儿子的嫂子是什么关系?

f.有一个人，他是你父母生的，但他却不是你的兄弟姐妹，他是谁?

g.为什么青蛙可以跳得比树高?

h.你能做、我能做、大家都能做，一个人能做、两个人不能一起做。这是做什么?

i.一种东西，东方人的短，西方人的长，结婚后女的就可以用男的这东西，和尚有但是不用它，是什么?

j.早晨醒来，每个人都会去做的第一件事是什么?

k.什么东西人们都不喜欢吃?

l.小王走路从来脚不沾地，这是为什么?

m.用椰子和西瓜打头哪一个比较痛?

n.有一头头朝北的牛，它向右转原地转3圈，然后向后转原地转3圈，接着再往右转，这时候它的尾巴朝哪?

o.黑人和白人生下的婴儿，牙齿是什么颜色?

p.公共汽车上，两个人正在热烈的交谈，可围观的人却一句话也听不到，这是因为什么?

q.什么东西越洗越脏?

r.什么时候太阳会从西边出来?

参考答案:

a.心比天高。b.叫救命。c.乌鸦嘴。d.圣诞老人。e.亲戚关系。f.你自己。g.树不会跳。h.做梦。i.人的姓。j.睁眼。k.吃亏。l.因为穿着鞋子。m.头比较痛。n.朝地下。o.婴儿没有牙。p.这是一对聋哑人，在用手语交谈。q.水。r.发誓的时候。

孕25周——大脑发育的高峰期

胎宝、孕妈的悄悄话

准妈妈：宝宝，你爸爸听说现在是你大脑发育的高峰期，所以准备了好多菜，都是选用健脑食材，爸爸的厨艺也真不错，妈妈吃了很多，希望宝宝不要辜负爸爸妈妈的愿望，长成一个人见人爱的聪明宝宝！

胎宝宝：妈妈，我舌头上的味蕾正在形成，大脑的发育已经进入了一个高峰期。此时大脑细胞迅速增殖分化，体积增大，现在已经可以看得见我头发的颜色和质地了。

孕妈要知道

怀孕6个月以后，孕妈的睡眠是很重要的。这个阶段的孕妇的体力大减，容易显得疲倦。妈妈的睡眠可以促进胎儿的生长。每天睡眠不少于8小时，中午休息1～2小时，最合理的睡眠姿势是左侧卧位。做完家务之后的休息时间也应加长，但不可忘了适度的运动。最好穿后跟低而平的鞋以保持平衡。

此时不可任意刺激子宫，以防发生早产。这段时期孕妈容易便秘，宜多吃蔬菜、水果。进食不要一次吃太多，以少量多餐为佳，并摄取易消化且营养成分高的食物。

准爸爸也要参与

准爸爸要帮助孕妇做好孕期监护，这是义不容辞的责任。有一些事情是准爸爸必须亲力亲为的：

量宫底

宫底升高的速度，反映了胎儿生长和羊水等的状况，如果增长过快或过慢，都应请医生检查。从怀孕20周开始，每周都要量1次宫底。正常情况下，宫底高度每周应增加1厘米。到怀孕36周时，由于胎头进入孕妇骨盆，宫底上升速度减慢，或略有下降。

测量方法为：孕妈排尿后，仰卧在床上，两腿屈曲。准爸爸用卷尺来测量妻子耻骨联合上缘到子宫底的距离。

称体重

妻子怀孕28周前后，每周要测量1次体重。一般孕妇每周体重增加0.5千克左右。孕妇的体重过重或不增加，都是不正常的表现，应及时到医院，请医生做个全面检查、诊治。

胎教计划ABC

A.美食推荐

核桃四季豆

【原料】四季豆250克，核桃仁100克，红椒30克，蒜末少许。

【调料】食用油、食盐各适量。

【做法】四季豆洗净后切丝，入沸水中焯熟，红椒洗净切丝；核桃仁洗净，放到开水中焯烫一下，去掉外皮；锅中放油烧热，下入蒜末爆香，倒入核桃仁翻炒一会儿，加入红椒丝、四季豆一起翻炒均匀，加入食盐调味即可。

B.做孕妇体操

脚部运动

通过脚尖和踝关节的柔软活动，增强血液循环，强健脚部肌肉。

坐在椅子上，腿和地面呈垂直状态，两脚并拢，脚掌平放在地面上，脚尖使劲向上翘，待呼吸1次后，再恢复原状；把一条腿放在另一条腿上，上侧脚的尖，慢慢地上下活动，约2分钟后两腿位置互换，同样的进行练习2分钟。每日数次，每次4分钟左右。

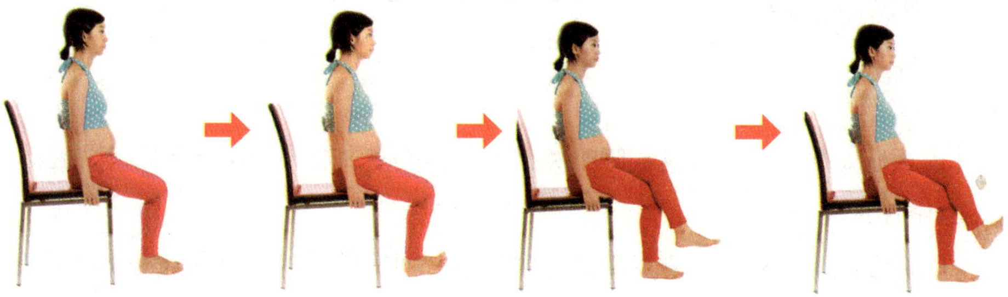

盘腿坐运动

这项运动可以松弛腰关节，伸展骨盆的肌肉。可使婴儿在分娩时容易通过产道，顺利分娩。

盘腿坐好，精神集中，把背部挺直，收下颚，两手轻轻放在膝盖上（双手交叉按膝盖也可以），每呼吸1次，手就按压1次，反复进行。按压时要用手腕按膝盖，一点一点用力，尽量让膝盖一点点接近地面。

运动时间可选在早晨起床前、白天休息时或晚上睡觉前，每次做5分钟左右。

扭转骨盆运动

这项运动能够加强骨盆关节和腰部肌肉的柔韧性。

仰卧，双肩要紧靠在床上。屈膝，双膝并拢，带动大小腿向左右摆动，要有节奏地慢慢运动。接着，左脚伸直，右膝屈起，右脚平放在床上。右腿的膝盖慢慢地向左侧倾倒。待膝盖从左侧恢复原位后，再向右侧倾倒，以后左右腿可交错进行。

最好在早晨、中午、晚上各做5～10次。

振动骨盆运动

该项运动除了松弛骨盆和腰部关节外，还可使产道出口肌肉柔软，并强健下腹部肌肉。

先仰卧床上，后背紧靠床面上，屈双膝，脚掌和手掌平放在床上。腹部呈弓形向上突起，默数十下左右，再恢复原来体位。

然后四肢着地，低头隆背，使背部呈圆形。抬头挺腰，背部后仰。上半身缓慢向前方移动，重心前后维持不变，一呼一吸后复原。反复多做此动作，早晚各做5～10次。

注意事项：

a.从怀孕8周左右开始，如有流产先兆时，要遵医嘱；

b.绝对不要勉强，严禁做得过分，以不疲劳为宜；

c.在做体操前，先排尿，排便。

孕26周——我的脊椎越来越坚韧了

胎宝、孕妈的悄悄话

准妈妈：宝宝，今天和爸爸玩“捉迷藏”玩得开心吧？当你在妈妈肚皮上轻踢某处时，爸爸就在那处轻轻拍一下，可你却换个地方再踢，爸爸再追，两人玩得不亦乐乎。妈妈想，宝宝出生后一定也非常喜欢和爸爸一起做游戏吧？

胎宝宝：亲爱的妈妈，我的脊柱越来越坚韧了，脂肪在迅速累积，以帮助适应离开子宫后外界更低的温度，肺也正在发育，继续在羊水中小口地呼吸，为出生后第一次呼吸空气打好基础。

孕妈的变化

子宫越来越大，压迫下半身的静脉，因此会出现静脉曲张现象。而且由于子宫压迫骨盆底部，便秘和痔疮的情况也会增多。

挺着大肚子走路时，为取得重心的平衡，就要昂首挺胸，这就更容易引起后背和腰部的疼痛。因受激素的影响，髋关节松弛，有时会股部颤抖，步履艰难。

妊娠中后期孕妇的下肢多发生水肿，一般经卧床休息后，这种水肿大多能自动消退，如经卧床休息后仍不能消退的，应该立即去医院就诊。

准爸爸也要参与

到了孕中期，胎儿发育已趋向成熟，孕妈身体已能充分适应怀孕状态，而且没有了妊娠反应的影响，此时期孕妈的情绪稳定，身体健康，准爸爸应该趁此时机带孕妈做几次短途旅行，既能调节身心，也是一种很好的胎教。

准爸爸首先要制订旅行计划，注意要选择空气清新、宁静的地方，这样对胎儿有好处。旅行不一定要去离家较远的地方，离家较近的一些合适的场合就行，注意行程不要安排得太紧凑，千万不要让孕妈和胎宝宝过度劳累。孕妈在旅行中愉快地呼吸新鲜空气，肚子里的宝宝也会感觉心旷神怡。如果在旅行中夫妻俩经常讨论腹中的小宝宝，不仅可以增进夫妻间的感情，还会成为以后的美好回忆。

胎教计划ABC

A.美食推荐

核桃芹菜炒虾仁

【原料】虾仁200克，西芹段300克，核桃仁100克，白果和红椒片各少许。

【调料】食用油、食盐、姜汁、白糖各适量。

【做法】将白糖倒入锅中煮至起泡，下入核桃仁翻炒均匀，出锅待凉；虾仁洗净加姜汁腌渍一会儿，白果焯一下水；净锅再放油烧热，倒入虾仁翻炒片刻，放入西芹、白果、红椒一起炒至熟，最后加入核桃仁、食盐一起炒匀即可。

B.唱首儿歌吧

今天孕妈来唱一首欢快的儿歌——《数鸭子》吧！

白：

门前大桥下，
游过一群鸭，
快来快来数一数，
二四六七八。

唱：

门前大桥下，
游过一群鸭，
快来快来数一数，
二四六七八。

嘎嘎嘎嘎真呀真多呀，
数不清到底多少鸭，
数不清到底多少鸭。
赶鸭的老爷爷，
胡子白花花，
唱呀唱着家乡戏，
还会说笑话。
小孩小孩快快上学校，
别考个鸭蛋抱回家，
别考个鸭蛋抱回家。

C.讲个笑话

俗话说童言无忌，童言最是天真、有趣，孕妈和宝宝一起朗读几段儿童笑话，不仅可以愉悦心情，还能起到语言胎教的作用。

头上长出橘子树

宝宝不小心吞下一粒橘子核，邻居小弟弟对他说："你千万别喝水，我哥哥说种子获得了水分和养料，就会发芽、生长，你要是喝了水，头上就会长出橘子树来。”

蚊子提灯笼来咬我们

有一天晚上，兄弟俩在睡觉，蚊子很多。哥哥说：“把灯关掉，蚊子就找不到我们了。”后来飞来了一只萤火虫，弟弟就赶快把哥哥摇起来说：“哥哥，哥哥！你看蚊子提灯笼来咬我们啦！”

我要1%

爸爸买了1个大西瓜，儿子叫来了两个小伙伴分瓜吃。俩小伙伴一个说：“我要1/2。”另一个说：“我要1/3。” 儿子大急，说：“这瓜是我爸买的，我要多分点，我要1%。”

把胡子根挖出来得了

女儿看到爸爸天天刮胡子，就好奇地问：“你的胡子怎么每天都要刮？”爸爸说：“这胡子跟韭菜一样，一天不刮就会长出来。”女儿想了想，很认真地说：“把胡子的根挖出来不就得了。”

D.听听音乐

孕妈来欣赏一首具有浓郁的维吾尔族民间音乐风格的小提琴曲《新疆之春》吧。此曲为马耀先、李中汉作于1956年。

《新疆之春》为单三部曲式。第一部分的主题强劲有力，在双弦上演奏舞蹈性节奏的旋律，以表现人们跳起欢乐的手鼓舞的情景，音乐进入高潮后，突然引入一段以左手拨弦、和弦音型以及快弓奏法交替出现的华彩乐段，然后进入主题再现的第3部分。整个乐曲奔放流畅，潇洒自如，具有鲜明的维吾尔民族音乐风格，反映了新中国成立以后新疆人民欢欣、酣畅的生活情趣。

此曲热情奔放的特征能给孕妈带来愉悦的心情，也能给胎宝宝有益的刺激，利于其身心的良好发育。

孕27周——妈妈，我今天做梦啦

胎宝、孕妈的悄悄话

准妈妈：宝宝，今天是周末，你爸爸要带我们去公园照相，你爸爸可是摄影爱好者哦，今天特意借了高档相机，要给你来个“胎儿写真”，妈妈穿了漂亮的衣服，走，咱们拍照去！

胎宝宝：妈妈，我的身体现在长得很大，已经大得快碰到子宫壁了。你的腹壁变得更薄，所以外界的各种声音都可以传达到我的耳朵里，我在子宫内开始会记忆听到的声音。还有，告诉你一个好消息，我今天做梦啦！你问做的是什么梦？对不起，我忘了，呵呵。

孕妈的变化

这个时期的孕妈心脏负担逐渐加重，血压开始升高，心脏跳动次数由原来每分钟65～70次增加至每分钟80次以上，所以血液流量增加，但增加的部分主要是血浆，这样红细胞在血液中就相对减少了，因此孕妇易出现相对性贫血。

这段时期，孕妇受体内激素的影响，比平时更容易出汗，因此，应该经常洗澡以保持身体的清洁。洗澡时要选择淋浴，不能盆浴，水温保持在35℃左右为宜。另外，洗澡时注意不要滑到，建议丈夫陪同。

准爸爸也要参与

孕妈每天的睡眠时间应该保持在8小时以上，并且还要注意睡眠的质量。为了保证孕妈睡得更沉、睡得更香，准爸爸应该做到如下几点：

1.保持室内安静、整洁、舒适，而且空气也要新鲜；

2.提醒妻子睡觉前2个小时之内不要大吃大喝，也不要饮用刺激性的饮料；

3.晚上睡前用温水帮助孕妈泡泡脚；

若妻子夜间难以入眠，准爸爸不能独自入睡，应该给她做一些按摩，具体方法是准爸爸用双手的食指推抹孕妈的前额，或用拇指推擦太阳穴，反复进行30次左右。还可以陪她聊聊天，增进彼此的感情。这样可以让她解除烦恼，从而保证睡眠，促进健康。

胎教计划ABC

A.美食推荐

金针菇炖鸡

【原料】鸡半只，金针菇200克，枸杞子、葱花各少许。

【调料】食盐、香油各适量。

【做法】鸡洗净切块，先氽烫，捞出再清洗备用；金针菇洗净，切去老梗，枸杞子洗净备用；将鸡块置入锅中，加水淹没鸡块，先以大火煮开再转小火煮至鸡肉熟软，加入金针菇、枸杞子，一起再煮15分钟，调入食盐，加入葱花并滴入香油即可。

B.动动手吧

爸爸在给宝宝讲啄木鸟的故事，孕妈也折一只可爱的啄木鸟送给宝宝吧。

材料准备：正方形纸1张、剪刀、笔

步骤：

a.将正方形纸对角对折，得到一条虚线，再将左右两菜向虚线对折；

b.将另一边的两角也向虚线对折；

c.向后对角折；

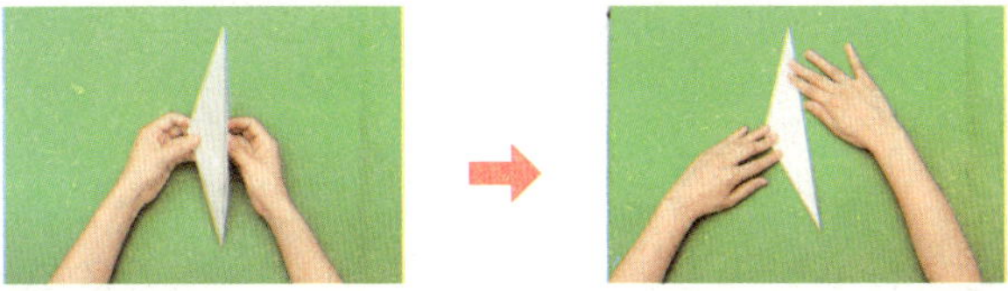

d.压折出头部，再用剪刀在下部剪开3厘米，向前后折，即成脚；

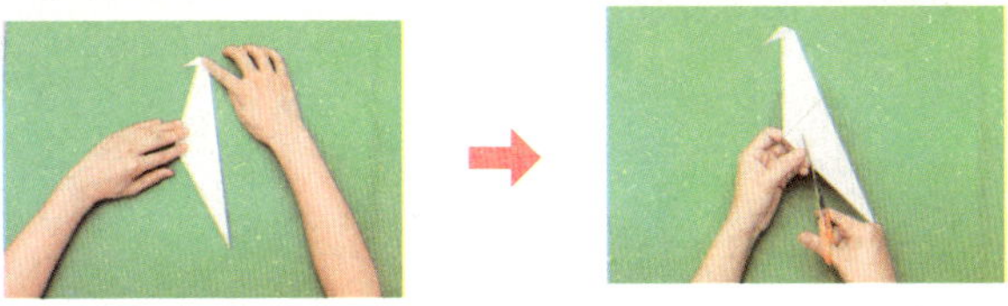

e.最后画上眼睛，一只啄木鸟即完成了。

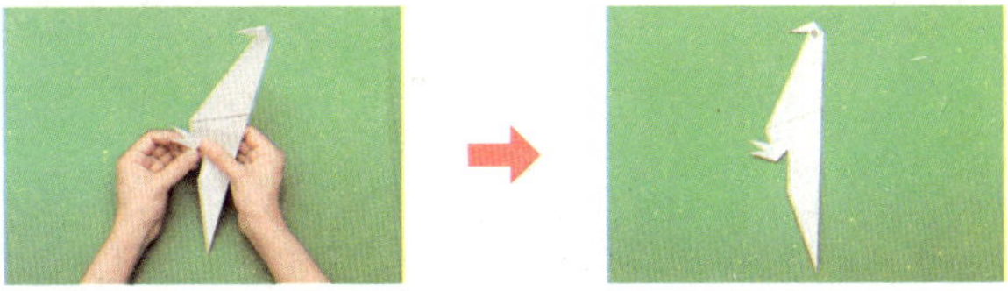

C.孕期如何缓解疲劳

妊娠后，由于孕妇的身体承受着额外的负担，所以很容易疲劳，这种疲倦感在孕早期和孕晚期尤为明显。下面给孕妇介绍几种减轻疲劳的方法：

首先，当孕妇觉得疲劳时，可以坐在椅子上，挺直背脊做腹式呼吸。腹式呼吸对孕妇和胎儿均有益，常做腹式呼吸，在分娩时对于阵痛的缓解也很有帮助。做腹式呼吸的同时孕妇会分泌少许使精神松弛的激素，这种激素传给胎儿时，可以使胎儿的心情变得安稳。腹式呼吸法的正确姿势是背部挺直紧贴在椅背上，膝盖立起，全身放松，双手轻放在腹上，想象胎儿目前正居住在一个宽广的空间内，然后用鼻子吸气，直到腹部鼓起为止。吐气时稍微将嘴撅起，慢慢地用力将体内空气全部吐出，吐气时要比吸气更为缓慢且用力。可以经常练习，每天做3次以上，要持之以恒。早上起床前、中午休息时间、晚上睡觉前各做1次，尽量放松全身。

其次，孕妇可以和家人、朋友聊聊天，说说话。聊天不仅可以释放和减轻心中的种种忧虑，还可以获得一些知识，这是一种排解烦恼、有益身心健康的好方法，它可以转移孕妇的注意力，让孕妇忘却身体的不适。

最后，孕妇还可以到室外散步，甚至一边欣赏一些优美抒情的音乐，一边感受大自然的美妙，这样可以调节孕妇的情绪，从而达到缓解疲劳的效果。

孕28周——我可以睁开眼睛啦

胎宝、孕妈的悄悄话

准妈妈：宝宝是不是觉得妈妈的肚子有点小了，地方不够住？所以总是动来动去换姿势，一会儿用小手、小脚又踢又打，一会儿翻个身，把我的肚子顶得一会儿这里鼓起来，一会儿那里又鼓起来，闹腾得妈妈都不能好好睡觉了。

胎宝宝：报告妈妈一个重大消息，我可以睁开眼睛了！我的睫毛也已经完全长出来了。如果子宫外有长时间的亮光，我现在会把头转向光束哦，所以你偶尔可用手电筒照照我。我的大脑的思维部分快速发育，此时已能感到疼痛，味觉感受敏锐。

胎宝宝的成长

孕妈满7个月后，宝宝的大脑发育依然很迅速，头也在增大，听觉系统已发育完全，如果此时你给宝宝播放不同的音乐，宝宝会因此做出不同的反应。眼睛已经能够转动，对光线、声音、味道的感觉更强了。

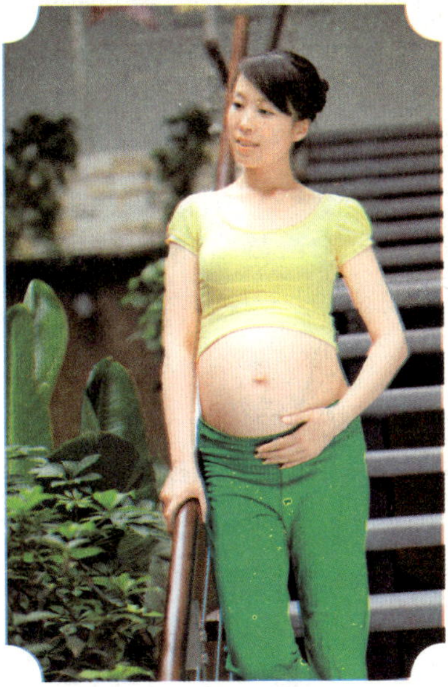

这个时期，胎儿的主要精力用于生长肌肉，第七个月是长体力的月份，胎儿的肌肉生长通过越来越频繁的胎动表现出来。每次胎动，孕妈都会感觉肚子被闹得天翻地覆，但是日益增大的身体，已经限制了宝宝在子宫的活动。

孕妈的变化

孕妇子宫底高度上升到肚脐以上，到7个月末时，约为2 6 厘米（22.4～29.0厘米），不仅下腹部，连上腹部也大起来，肚子感到相当沉重，完全呈现出孕妇的体态。子宫对各种刺激开始敏感，胎动亦渐趋频繁，偶尔会有宫缩现象，不过不必担心。要避免走太远的路，站立时间不要太长。

此期孕妇脚容易浮肿，睡觉时，最好把脚稍微垫高一些。这段时间孕妇若受到外界过度的刺激会有早产的危险，应该避免激烈的运动，不应有压迫腹部的姿势。

准爸爸也要参与

孕妈快要进入妊娠晚期了，肚子越来越大，负担也越来越重，部分孕妈还会出现静脉曲张、脚肿、腿肿等现象。因此，准爸爸应该更加体贴妻子。此时的准爸爸还要做好以下事情：

1.与妻子一起商量决定分娩的医院；

2.妻子可能出现水肿，帮助她按摩，揉揉肩部、后背，以减轻她的不适。若孕妈的脚出现水肿、变大，则应该给她换一双稍大一点的鞋，还要经常帮她按摩腿和脚；

3. 和妻子一起给宝宝取名字；

4. 陪同妻子参加产前课程；

5. 多与其他父母交流，了解有关分娩和育儿的正确知识。

准爸爸讲百科

今天爸爸给你讲一个有趣的动物，一种非常懒的小动物——树懒。

树懒生活在南美洲的热带森林中，它成天倒挂在树上，一动也不动，即使移动，也像慢镜头一样，速度慢得惊人。它即使饿了，也不会比乌龟爬

得更快。由于懒，它一星期也只撒一次尿、排一次便。它的皮毛上会长出绿藻，它的行动比绿藻的生长速度还慢，它真可谓是世界第一大懒汉！

按说这样懒的动物在自然界是没办法生存的，因为任何肉食动物可以轻易地捕获它，但不可思议的是，它居然一直活得挺好。宝宝，你说神奇不神奇？原来，刚出生不久的小树懒，体毛呈灰褐色，与树皮的颜色相近，又由于它奇懒无比，使得一种地衣植物寄生在它的身上，这种植物依靠它长得很繁茂，以至于像一件绿色的外衣把它的身体包缠起来，人类和动物都很难发现它，从而巧妙地躲开了敌人。另外，它一生大部分时间都是一动不动地倒挂在树上，极少惊动敌人。它的身体不重，可以爬上细小的树枝，其他的肉食类动物上不了这种细枝，因此它能够一直存活下来。

胎教计划ABC

A.美食推荐

奶香芝士焗南瓜

【原料】：小南瓜1个（约1500克），芝士200克，黄油100克，蒜蓉50克，葱花5克。

【调料】食用油适量，淡奶油50克，白糖50克。

【做法】先将小南瓜洗净，切成12等份的月牙形，去子，上蒸锅蒸10分钟，取出待用，蒜蓉下油锅炸至呈金黄色，捞出放在吸油纸上晾凉待用；锅烧热，放入黄油，接着下淡奶油、白糖、芝士调成芝士酱；将蒸好的小南瓜摆入烤盘中，放入调好的芝士酱，撒上炸好的蒜蓉，再撒点小葱花，入烤箱上火150度焗5分钟即可食用。

B.唱首儿歌

《找朋友》是首脍炙人口的儿歌，孕妈可以一边唱一边轻拍肚皮。

找朋友

找哇找，找哇找，
找到一个好朋友，
敬个礼来握握手，
你是我的好朋友。
再见！

C.戏曲欣赏

戏曲是中国传统文化的精粹，拥有悠长的韵味，讲究“人生如戏，戏如人生的”表演理念。下面这首黄梅戏《天仙配》讲述的是七仙女和董永的爱情故事。表达了他们深厚真挚的感情和对未来生活的憧憬。《夫妻双双把家还》就是他们在回家路上的唱词。歌词如下：

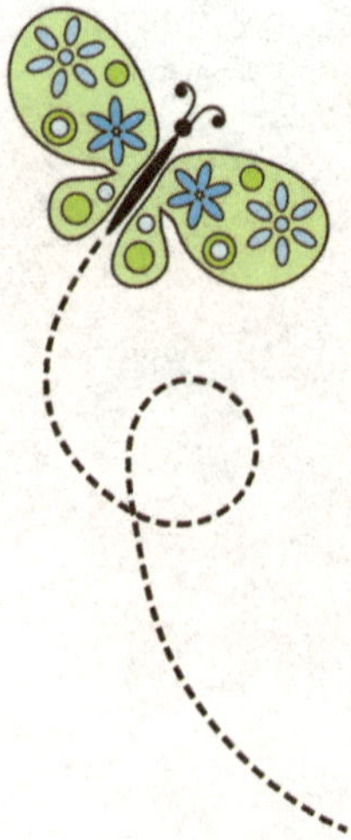

天仙配

女：树上的鸟儿成双对，
男：绿水青山绽笑颜，
女：从今再不受那奴役苦；
男：夫妻双双把家还；
女：你耕田来我织布，
男：我挑水来你浇园，
女：寒窑虽破能抵风雨，
男：夫妻恩爱苦也甜，
合：你我好比鸳鸯鸟，比翼双飞在人间。

D.讲个故事吧

今天妈妈要给宝宝讲的故事是——《狮子和老鼠》。讲完这个故事之后，妈妈还可以告诉宝宝：《狮子和老鼠》的故事告诉我们，尺有所短，寸有所长。永远不要小看那些看起来比你弱小的朋友。他们也许平时看似微不足道，但却有可能在我们身处困境的时候提供巨大的帮助哦。

一天，一只小老鼠外出觅食，不小心中了机关，被关进了捕鼠器里。这时，正好一头狮子经过，小老鼠于是向狮子求救："狮子！狮子！请您救救我吧！"狮子善心大发，救出了小老鼠。小老鼠向狮子敬礼，并感激地表示："我会铭记您的大恩，日后一定报答您。"

狮子感到好笑："老弟，你一只小小的耗子还能帮我什么忙？"狮子是万兽之王，他有健壮的四肢，锋利的爪牙，草原上没有什么动物能和他抗衡，所以，狮子对小老鼠的话不以为然。

一个星期后，狮子掉进了猎人埋伏的捕兽网里。他又蹦又跳，大吼大叫也无济于事。这时，小老鼠听到了狮子的吼声，他赶来对狮子说："请你稍等一会，现在该我来搭救您了。"狮子懊丧地说："捕兽网连我都打不开，你连把刀子都没有，如何救我？"小老鼠没再说什么，只是用他的牙齿慢慢将捕兽网啃开了一个大洞。狮子很快钻出了捕兽网，他高兴地喊了一声："自由万岁！"

E.学习一下

今天孕妈和宝宝一起来学习数字"2"吧。

集中注意力，一手抚摸肚子，一手刻画"2"的轮廓，将"2"的形状深深地印在脑中，并不时读出"2"。

反复刻画几遍之后，孕妈大声念出"2像小鸭水上漂"，然后在脑海中再想一想，"2"还像什么呢？像倒过来的挂钩，还像美丽的白天鹅。

Part 04

孕晚期

——准备迎接宝宝

孕期到了最后三个月，孕妈已经适应了整个孕期会出现的情况，胎宝宝也基本发育完全了。但是我们还不能掉以轻心，孕妈需要和胎宝宝继续保持默契，保持相互之前的沟通，携手度过最后的100多天。这个时期的胎宝宝具备的能力很多，孕妈、准爸在跟宝宝交流的时候，会更加的得心应手，胎教效果也会更加的显著。

孕29周——不再像个“小老头儿”

胎宝、孕妈的悄悄话

准妈妈：宝宝，妈妈发现你挺有音乐天赋，节奏感非常强，这不，妈妈一开始唱：一闪一闪亮晶晶，满天都是小星星。你就开始随着节奏踢妈妈的肚子，哈哈，真神奇！

胎宝宝：妈妈，我现在身长约42厘米，体重约1300克，肌肉和肺正在继续成熟，皮下脂肪也初步形成，看上去显得圆润了，不再像个小老头儿了。吮吸手指和踢腿、伸懒腰、翻跟斗是我的日常娱乐，妈妈你说我以后会不会是个运动健将？

孕妈要知道

孕28周后应该每2周做一次检查，这种频繁的检查次数，是为了尽早发现妊娠后期的孕妈是否患有疾病，特别是对胎儿有直接影响的“妊娠高血压综合征”。

应了解一些有关胎儿发育的基本知识，熟悉高危妊娠因素。当经过检查确定为高危妊娠时，应遵照医嘱定期检查治疗，以便有效纠正高危因素，减小对自身和胎儿的威胁。防早产，要注意起居饮食，适当增加营养，不食用有刺激性的食物。平时要注意劳逸结合，既适当参加劳动，又要避免劳累过度，不使身体过于疲劳，尤其要注意避免腹部撞击。

积极治疗妊娠期并发症，尤其要做好妊娠高血压疾病的防治工作，减少早产的发生。如有出现下腹坠胀、疼痛、阴道有血性分泌物等早产征兆时，应采取左侧卧床休息的方式，并根据胎儿情况，在医生指导下采取必要的保胎措施。

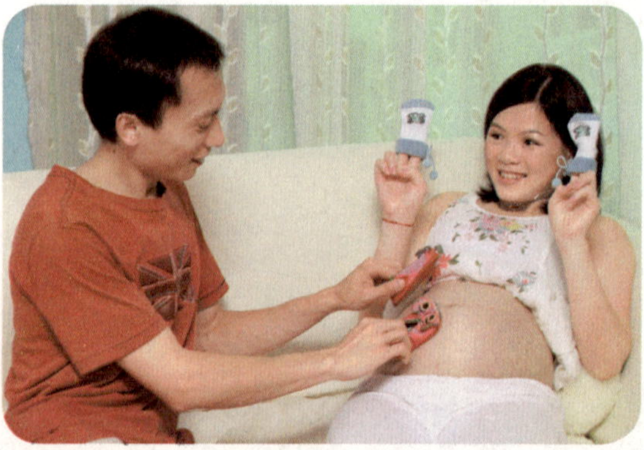

准爸爸也要参与

在妊娠过程中，当妻子对胎儿进行胎教时，丈夫不能袖手旁观，应积极参与。在婴儿的感觉器官基本形成的时候，应多与婴儿进行对话，每天最好进行3次规律性的对话。在触觉也基本形成的时候应更加频繁地按摩肚子，在进行对话的时候，用手指头敲一下肚子可以感觉到胎儿的脚在动。丈夫还要做好家庭中的妊娠监护，如有异常情况，应及时帮助妻子处理，必要时送医院诊治。

此外，当发现妻子对胎教不是很热心时，要鼓励妻子适时进行胎教，同时激发妻子进行胎教的热情；当妻子有一些不良的习惯和毛病时，要帮助妻子克服。

胎教计划ABC

A.美食推荐

鱼头豆腐汤

【原料】鳙鱼（胖头鱼）鱼头1个，豆腐250克，油菜50克，枸杞子10克，姜片适量。

【调料】食用油、食盐各适量。

【做法】鳙鱼鱼头去鳃洗净，豆腐洗净切块；油菜洗净，枸杞子泡发备用；净锅放油烧热，下入鱼头将两面稍煎，加入足量水、姜片，大火炖煮半小时，再加入豆腐、油菜、枸杞子，改中小火继续炖15分钟，加食盐调味即可。

点评：孕期满7个月以后，胎儿的发育越来越快，身体各器官都需要大量的蛋白质，鱼类是蛋白质的主要食物来源，胎儿的生长发育和孕妈的能量消耗，都要从食物中摄取蛋白质来。

B.孕妇体操

胯部摆动

直立，双手叉腰，向前、后、左、右摆动胯部，或是扭动胯部做圆周运动。其目的在于锻炼腹肌、背肌，为胎儿长大时增加腹部承受能力做准备。

在整个孕期应经常做这种体操。运动要适宜，感到疲劳时立即休息，保证舒服轻松为宜。

双肩环绕

双手放在肩头，手心向下，分别向前后环绕，练到肌肉微微发酸为止。此种运动方法可以锻炼胸肌和乳腺，为产后哺乳做准备。

伸脚运动

仰卧在床上，左膝屈起，右腿伸直，收缩腰侧肌肉，使右脚沿着床向上绷，然后放松，将右脚沿床沿向下滑，做5次。然后右膝屈起，左腿伸直，并重复右脚的动作，做5次后便稍作休息。

会阴肌肉运动

仰卧，双膝屈起，尽量使会阴肌肉收缩，好像制止大便一样，保持一会儿，然后放松。此动作重复20次，每做5次便稍作休息。此运动可在整个孕期进行。

C.美文欣赏

《沁园春·雪》是毛泽东于1936年2月创作的一首词。期间，中央红军、陕北红军和鄂豫皖北上红军胜利会师，当时“停止内战，一直抗日”呼声日益高涨，人民群众的抗日热情一浪高过一浪。

这首词表现了伟大领袖毛主席对祖国大好河山的热爱和新的历史任务的期待。孕妈快来感受下其中的意境和气魄吧！词文如下：

《沁园春·雪》

毛泽东

北国风光，千里冰封，万里雪飘。
望长城内外，惟余莽莽；大河上下，顿失滔滔。
山舞银蛇，原驰蜡象，欲与天公试比高。
须晴日，看红装素裹，分外妖娆。

江山如此多娇，引无数英雄竞折腰。
惜秦皇汉武，略输文采；唐宗宋祖，稍逊风骚。
一代天骄，成吉思汗，只识弯弓射大雕。
俱往矣，数风流人物，还看今朝。

D.唱首儿歌吧

这首儿歌分两部分，前半部分表现了对老爷爷的赞美，后半部分则表现了对小姑娘不娇气、坚强的称赞。想必孕妈哼上一首这样的儿歌，也会开心而笑。

爷爷爷爷给馒头

从西头，到东头，
这边来了个小老头。
穿着靴头，戴着帽头，
腰里掖着个小斧头。
上山头，砍木头，
砍了这头砍那头。
跟上山来个小丫头，
拿了一篮小馒头。

摔了一个小跟头，
碰了丫头的花花头。
小丫头，理理头，
不啼哭，拾馒头，
找到了砍木头的小老头，
小丫头，叫老头：
“爷爷爷爷我给你送馒头。”

孕30周——表情丰富的小宝贝

胎宝、孕妈的悄悄话

准妈妈： 宝宝，你的小手呢，伸出手来和妈妈握个手吧？虽然最近因为你，妈妈身体有些许不适，不过想到不久后，就会有一个健康活泼的小孩叫我妈妈，与我一起幸福地生活，妈妈就觉得现在的辛苦都是值得的。

胎宝宝： 妈妈，本周我的身长约43厘米，重1500克左右。这时大脑发育非常迅速。大脑和神经系统已经发达到一定的程度，我的眼睛可以开闭自如，大概能够看到子宫中的景象，还能辨认和跟踪光源。

孕妈要知道

孕晚期会出现鼻塞和鼻出血现象，不用紧张。鼻塞时可用热毛巾敷鼻，或用蒸汽熏鼻子以缓解症状。鼻出血可用手捏鼻翼。

在此时期，孕妈很容易患妊娠高血压综合征。如果在早晨醒来，水肿未退，或一周内体重增500克以上，应该尽快到医院做检查。

平时应多休息，不可过度疲劳，并且节制水分和盐分的摄取量，此外，严防流行性感冒。

在这个时期，要注意日常有无出血现象。即使只有少量的出血，也要尽早接受医生的诊察，看是否有早产、前置胎盘、胎盘早剥的危险。

准爸爸也要参与

此时进入了妊娠后期，丈夫也要为分娩做好准备。在孕晚期，妻子行动已经不方便了，丈夫应主动把家中的衣物、被褥、床单、枕巾、枕头拆洗干净，并在阳光下暴晒消毒，以便备用。还要在妻子产前把房子清扫干净布置好，要保证房间的采光和通风情况良好，让妻子愉快地度过产期，让母子能够生活在清洁、安全、舒适的环境里。

胎教计划ABC

A.美食推荐

茭白炒肉片

【原料】茭白400克，猪肉100克，红椒1个，蒜蓉、姜片、葱段各少许。

【调料】食用油、食盐、生抽各少许。

【做法】茭白洗净后斜切成片，红椒也切成片备用；猪肉洗净切薄片，加生抽拌匀；净锅放油烧热，爆香姜片、蒜蓉，下入肉片翻炒均匀，再倒入茭白，快速炒至八成熟，加入红椒、葱段，继续炒熟后加食盐、生抽，炒入味即可出锅。

B.听听音乐吧

圆舞曲《蓝色多瑙河》是奥地利作曲家约翰·施特劳斯所作，是他的圆舞曲中最具有代表性的一首乐曲。这支圆舞曲作于1867年。1866年奥地利在普奥战争中惨败，维也纳陷入了深深的消沉之中。为振奋人心，作者谱写了这首象征维也纳生命活力的圆舞曲。

此圆舞曲旋律优美动人，节奏富于动感，孕妈欣赏这首作品，能通过想象感受鲜明的音乐形象，感受人们热爱生活、热爱故乡的浓厚感情。

C.做个小游戏

翻花绳是一种利用绳子玩的游戏，一条绳子加上灵巧的手指就可以翻转出许多的花样。翻绳游戏具有巧手、健脑、启智的作用。

翻花绳分单人和双人两种。单人的玩法是将绳圈套在双手上，用双手手指或缠或绕或穿或挑，经过翻转将线绳在手指间绷出各种花样来。

双人翻花绳的玩法是：一人以手指将绳圈编成一种花样，另一人用手指接过来，翻成不同的花样，相互交替，直到一方不能再翻下去为止。

线绳翻花现今有数千种翻法，其中一些还非常复杂。一些常见的花样有专门的名称，如“面条”、“牛眼”、“麻花”“手绢”等。

下面孕妈就对照步骤，开始一个简单的单人翻花绳游戏——五角星吧！

a.取一段长短适中的双层绳子，套在食指上；

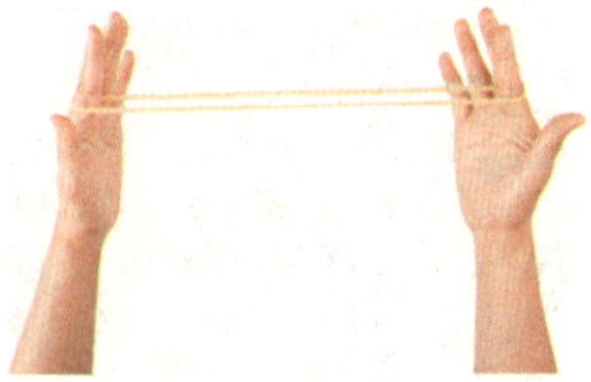

b.用小指压着食指内侧的绳子，挑起外侧的绳子；

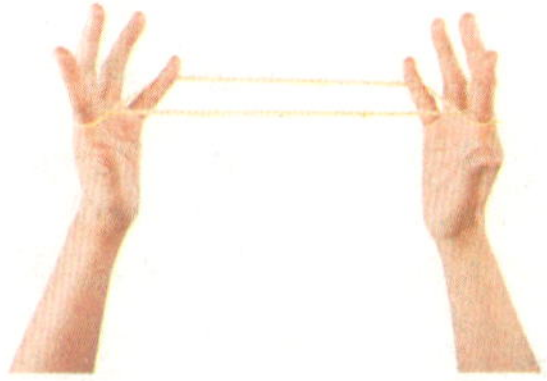

c.用右手拇指挑起左手食指上的绳子；

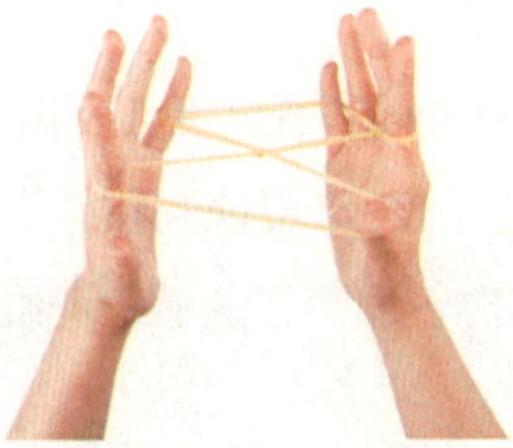

d.再用左手拇指挑起右手食指上的绳子；

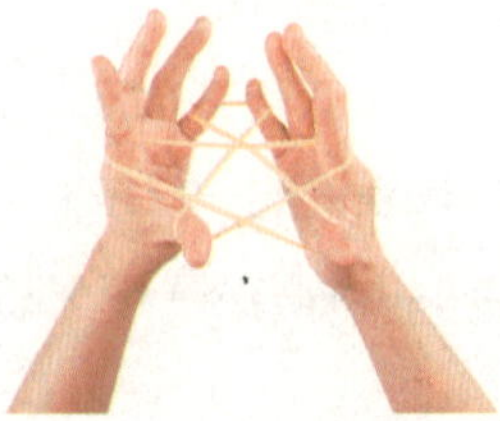

e.松开小指上的绳子；

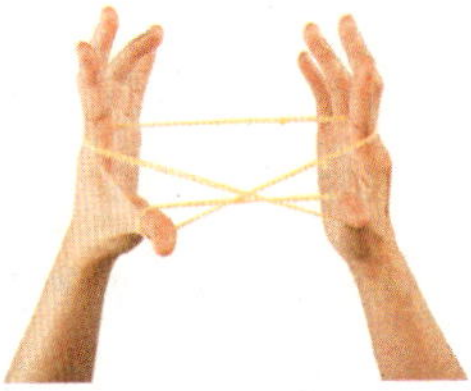

f.用左手小指从下面向外挑勾拇指内侧的绳子，一个五角星就形成了。

D.学习写数字“1”

从现在开始，胎宝宝就要学习新的知识了。

孕妈可以制作一些卡片，把数字和一些笔画简单、容易记忆的字制成颜色鲜艳的卡片，卡片的底色与卡片上的字分别采用对比度鲜明的不同颜色，如黑和白、红和绿等。总之，应鲜艳醒目，使人一目了然。训练时母亲应精力集中，全神贯注，两眼平视卡片上的文字，一边念，一边用手沿着字的轮廓反复描画。每天抽出一定的时间定时进行，不断重复，反复强化。久而久之，将有助于条件反射的形成，对胎儿有益。

今天，我们就来学习数字“1”吧。如图，在一张纸上写上数字“1”，涂好颜色之后，按上述方法沿数字轮廓反复描画，然后孕妈可以一边看一边念“1像铅笔细又长”。

孕妈还可在脑海中联想，“1”还像什么呢，“像筷子”“像妈妈的手指”，将这些形象在头脑中传递给宝宝，以加深宝宝对“1”的印象。

孕31周——胎动越来越频繁

胎宝、孕妈的悄悄话

准妈妈：医生说宝宝可以看到光了，所以妈妈最近都在进行光照胎教，就是拿一个手电筒轻轻贴在肚子上，第一次当手电筒的光源进入子宫时，我就感觉到了大幅度的柔和胎动，好像宝宝在肚子里转了个身，朝着光亮看来。啊，真是神奇！

胎宝宝：妈妈，我的各个器官发育得越来越完善，我不仅在进行小便功能的练习，现在还能将头从一侧转向另一侧，也能辨别明暗，如果你用一个小手电照射腹部，我会转过头来追随这个光亮，甚至可能会伸出小手来触摸哦。

孕妈要知道

进入妊娠第八个月，孕妇汗腺和皮脂腺分泌旺盛，因此要常洗澡。孕妇洗澡仍要选择淋浴，水温以35℃左右为宜。夏天时，每天洗澡应不少于2次，春秋时每周1～2次即可；寒冬腊月每两周1次就足够了。由于孕妇身体笨重，进出澡盆、浴缸时注意不要滑倒，以免腹部受到撞击，最好有家人陪同。

此时还要注意乳头的清洁。洗澡后，在乳头上涂上油脂，然后用拇指和食指轻轻抚摩乳头及其周围部位。不洗澡时应用干净软毛巾擦拭，也可用以上方法按摩乳头。

在情绪方面，孕妇因乳房肿胀、尿频、便秘、恶心呕吐、偏食等，常常感到疲劳和烦躁，再加上孕妇对分娩的恐惧心理，很容易造成情绪的波动。所以此时一定要努力保持良好的心态，对做母亲充满自信，这是产后母乳喂

养成功的基本保证。

准爸爸也要参与

这个时期准爸爸应该和准妈妈一起为宝宝布置一个充满阳光的卧室，并且为宝宝准备一张舒适的床铺，床的四周应有至少50厘米高的床栏，两侧可以放下，栏杆之间距离不宜过大，也不可过小，以防夹住孩子的头和脚。床的四周要求为圆角，无突出部分。如果是买新床，条件允许的话，不妨尽量选择可以用到2～3岁的大型婴儿床，比较经济实惠。但是，为了节省空间，也可以购买折叠式婴儿床。

此时可将新生儿的衣物备齐，婴儿衣服一定要选用柔软、手感好、通气性和保暖性好、易于吸水的棉织品，颜色宜浅淡，这样容易发现污物，样式可选用最常用的斜襟样式，衣服要宽大些，便于穿脱，至少准备3件以上。另外，还要购买一些婴儿用品，如童车、奶瓶、尿布、婴儿护肤品等。

胎教计划ABC

A.折玫瑰花

准备好鲜艳的皱纹纸，给宝宝做朵漂亮的玫瑰花吧。步骤如下：

a.准备如图所示的材料；

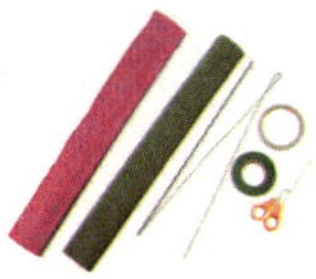

b.将纸条对折后再折3折，用剪刀剪开；

c.得到6张如图的纸块；

d.左手捏在纸的1/3处，右边拿着剪刀轻刮纸张，使之向后微卷；

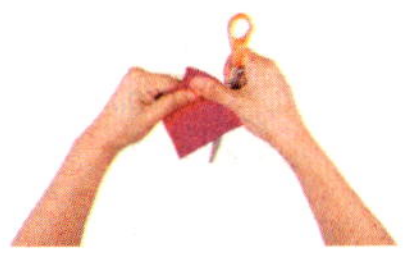

e.用右手大拇指和食指向后捻纸的右角；用左手大拇指和食指用同样的方法捻纸张的左角；

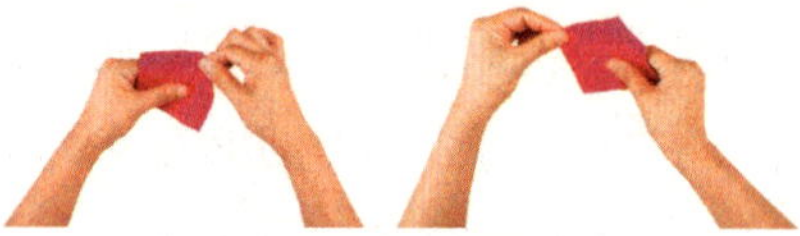

f.两手捏住纸的两边，将皱纹纸向两边拉开；

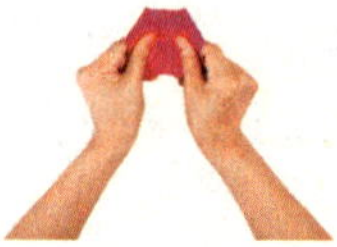

g.将剩下的纸都用同样的方法做好，即成一个个花瓣；

h.将绿色的皱纹纸折叠2次，用剪刀剪出绿叶形；

i.取1片绿叶，粘上双面胶，放上细铁丝；

j.再粘上另1片绿叶，即做成了1片完全的绿叶，做好另1片绿叶备用；

k.将粗铁丝的一头粘上双面胶；

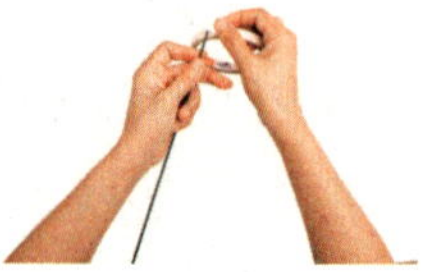

l.粘上1片花瓣；

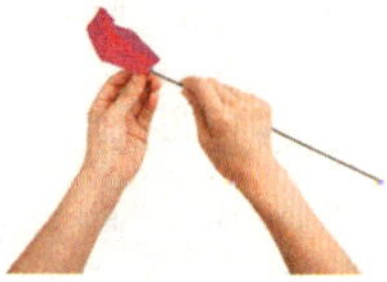

m.再粘上双面胶，在粘好的花瓣对面再粘上1片花瓣；如此粘完剩余的花瓣；再加上做好的绿叶；

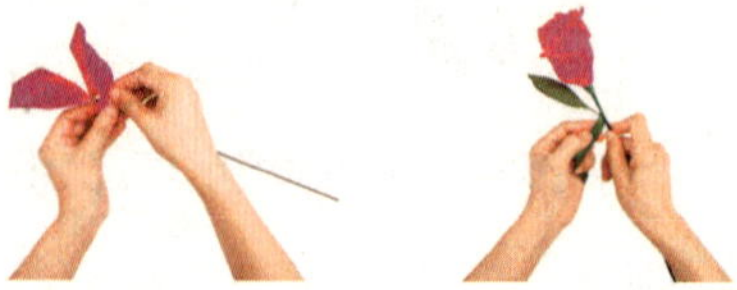

n.整理好绿叶，一朵漂亮的玫瑰花就做好了。

B.数学计算题

题目一：

一个人的岁数的个位和十位换一下就是他儿子的年龄，如果他比他儿子刚好大27岁，请问，父子俩的年龄分别是多少？

题目二：

一个人花8块钱买了一只鸡，9块钱卖掉了，可是这个人觉得不划算，于是花了10块钱又将原来那只鸡买了回来，然后11块钱又卖给另外一个人。请问，他赚了多少钱？

题目三：

老马坐火车回家，和坐在旁边的一个人聊天，这个人话很多，老马有点不高兴。没多久，这个人就问老马的年龄，老马有心要为难他一下，就说："我孙子的年龄是我孙女的年龄的5倍，我儿子的年龄是我孙子的年龄的5倍，我的年龄是我儿子年龄的2倍，把我们的年龄加在一起，正好是我母亲的年龄，今天刚好是她81岁生日。"那个人算了很久没算出来。请问，老马的儿子、孙子、孙女以及老马自己的年龄到底是多少呢？

参考答案：

题目一，父亲41岁，儿子14岁。题目二，2块钱。题目三，儿子25岁，孙子5岁，孙女1岁，老马50岁。

C.音乐欣赏

古筝曲《渔舟唱晚》以歌唱性的旋律，形象地描绘了晚霞斑斓时，渔舟纷纷归航的欢乐景象，表达了一种对生活和美丽河山的赞美之情。

此曲分为三段，第一段运用慢板奏出悠扬如歌的旋律，好像在向人们展示优美的江边晚景。第二段音乐速度加快，形象地表现了渔夫满载而归的欢乐情绪。第三段运用快板，刻画了荡桨声、摇橹声和浪花飞溅声，随着力度不断增强，速度不断加快，展现出在夕阳西下的晚景中，江面渔歌飞扬，渔夫满载丰收的喜悦荡桨归舟的动人画面。

孕32周——我已经基本发育完全了

胎宝、孕妈的悄悄话

准妈妈： 宝宝，妈妈最近有点烦，因为脸上长满了疙瘩，大腿上、肚子上的妊娠纹也越来越深。啊，真是太丑了。幸好你爸爸在一旁安慰我，他说这一切都是因为怀了宝宝的缘故，其实怀孕的女人是最美丽的、最伟大。恩，听了这话，总算让我失落的心得到了一点安慰。

胎宝宝： 妈妈，我现在的体格越发标准了，与出生时的婴儿相似，只是更瘦些。手指甲和脚指甲已经完全长出来了。已经长了满头的头发，眼睛能区分光亮与黑暗。

胎宝宝的成长

孕期满8个月的胎儿，身长约为44厘米，体重约1700克。胎儿身体发育已基本完成，肌肉发达，皮肤红润，皮下脂肪增厚，体形浑圆，但皮下脂肪依然不够厚，脸部还是布满皱纹。胎儿的大脑、心脏、肺脏、肾脏、肝脏、胃肠等器官也已经发育完成。

胎儿的肌肉和神经系统的发育越来越完善，表现为胎动频繁，动作有力协调，幅度增大，可以手舞足蹈，拳打脚踢。胎宝宝的面部表情也丰富起来，会打哈欠、揉鼻子，甚至挤眉弄眼。

胎儿已经对光有反应，可以偶尔睁开眼睛了，并可以用手抓住脐带往嘴边送。从这时起，羊水量不再像以前那样增加了。迅速成长的胎儿身体，紧靠着子宫。一直自由转动的胎儿到了这个时期，在子宫中的位置就固定了。由于头重，一般头部自然朝下。

这个时期的胎儿，已经基本具备宫外生活的能力，但孕妈仍需小心。正所谓“瓜熟蒂落”，胎宝宝足月以后出生才是最好的。

孕妈的变化

此时孕妇下腹部更加凸出，孕8月末子宫底高约29厘米（25.3~32.0厘米），上升到心窝部的下面一点，因此向后压迫心脏和胃，容易引起心慌、气喘或感觉胃胀，没有食欲。孕妇还会感到身体沉重，行走不便，经常感到腰背及下肢酸痛；在仰卧时，会因子宫的压迫而感到不舒服。

孕妇腹部皮肤紧绷，皮下组织出现断裂现象，从而产生紫红色的妊娠斑。下腹部、乳头四周及外阴部等处的皮肤有黑色素沉淀，颜色日渐加深，妊娠褐斑也会非常明显。脸和腿常发生水肿。

随着宝宝下沉、入盆，孕妈全身的关节和韧带逐渐松弛，不规则宫缩次数增多，腹部经常发生阵发性的变硬变紧。这些现象都表明，孕妈的身体在为后面的分娩做准备。

准爸爸也要参与

孕期准爸爸的作用至关重要，当孕妈感到身体懒散，或者情绪不知道该如何调节时，准爸爸的肩膀、话语和眼神就会给予孕妈最大的支持。孕期毕竟是一个需要小心应对的时期，准爸爸可以和孕妈一起去听听孕妇的课程，跟更多的专业人士或有经验人士进行交流。准爸爸要主动提出陪妻子去听课，这会让孕妈信心百倍地迎战这个孕程。

怀孕到了第八个月，孕妇有很大的心理负担，此时的丈夫要从身心两方面来关心妻子，减轻妻子的负担。要和妻子共同阅读一些有关分娩的书刊，了解分娩的过程，帮助妻子消除分娩的恐惧心理，解除妻子的思想压力。

胎教计划ABC

A.唱首歌吧

孕妈唱一唱这首脍炙人口的经典圣诞歌曲《铃儿响叮当》吧。这首歌曲调流畅、情绪欢快，表现了孩子们热情奔放的性格，抒发了热爱美好生活的真挚情感。每当唱起这首歌，仿佛就能看到一群孩子冒着大风雪，坐在马拉的雪橇上，他们的欢声笑语伴着清脆的马铃声在原野中回荡这样的生动画面。歌词如下：

叮叮当，叮叮当，铃儿响叮当，
我们滑雪多快乐，我们坐在雪橇上嗨！

叮叮当，叮叮当，铃儿响叮当，
我们滑雪多快乐，我们坐在雪橇上！

冲破大风雪，我们坐在雪橇上，
快奔驰过田野，我们欢笑又歌唱，
年青的伙伴们，精神多爽朗，
鞭儿抽得啪啪响啊，马儿快快跑。

叮叮当，叮叮当，铃儿响叮当，
坐上雪橇多快乐，我们飞奔向前方嗨

B.讲个故事吧

今天由爸爸讲一个《迷路的小鸭》的故事吧。给胎儿讲故事是一项不可缺少的胎教内容，讲故事时孕妇应把腹内的胎儿当成一个大孩子，通过语言神经传递给胎儿，使胎儿不断接受客观环境的影响，在不断变化的文化范围中发育成长。

迷路的小鸭

冬天的一个晚上，刮着大风，下着大雪，天气冷极了。

一只小鸭找不到家了，它在路上一边走一边叫："嘎嘎嘎！我的肚子好饿，我的身上好冷啊！"

忽然，它看见了一间小房子，温暖的灯光从屋中传出，原来，这是兔妈妈的家，兔妈妈正哄着小兔睡觉呢！

小鸭走上前，敲着门说"兔妈妈，我是小鸭，我找不到家了，让我进来暖和暖和吧！"

兔妈妈打开了门，见到外面站着可怜的小鸭，兔妈妈连忙说："小鸭，快进来吧！"

兔妈妈给小鸭吃了热腾腾的食物，还让它睡在暖和的被窝里。

第二天，兔妈妈和小兔一起将小鸭送回了家，鸭妈妈担心了一夜，此时看到小鸭安然无恙自是高兴极了，郑重地谢了兔妈妈和小兔。

小兔和小鸭由此也成了好朋友。

C.诗歌朗诵

下面这首著名的唐诗，为盛唐前期著名诗人、书法家贺知章（约659年～约744年）所作。贺知章的诗文以绝句见长。《咏柳》是一首咏物诗，写的是早春二月的杨柳，这个时期杨柳的形象美在于那曼长披拂的枝条和嫩绿的新叶，她们在春风的吹拂下，有着一种迷人的姿态。在朗诵中，孕妈可以在脑海中想象那嫩绿的杨柳在春风中随风摇摆的美好画面。

咏 柳

贺知章（唐）

碧玉妆成一树高，
万条垂下绿丝绦。
不知细叶谁裁出，
二月春风似剪刀。

孕33周——时刻准备着

胎宝、孕妈的悄悄话

准妈妈：亲爱的宝宝，这周去做彩超，很清晰地看到了你的脸，竟然很饱满了，没有皱褶，医生告诉我你还会咧嘴笑呢。妈妈看到屏幕中的你，真的好欣慰，一下子忘记了怀孕带来的所有不适与烦恼。

胎宝宝：妈妈，我的呼吸系统和消化系统发育已经接近成熟，生殖器官发育也已近成熟。软软的骨头正在变硬，皮肤不再那么红红的、皱皱的。我正在为出生而准备着。

孕妈要知道

如何预防早产？在妊娠满28周至37周之间发生分娩者，称为早产。早产是新生儿死亡的重要原因之一，早产儿中约有15%在出生后1个月内死亡，另有8%的早产儿虽能存活，但留有智力障碍或神经系统的后遗症。早产是一个复杂问题，它的发生机制尚不清楚，目前仍是新生儿死亡的主要因素之一，所以，早产应从预防着手。

首先，有心脏、肾脏疾患或高血压的患者在妊娠前就应到医院检查，以决定是否可以妊娠或何时妊娠为宜。一旦妊娠，要按期进行产前检查，以减少并发症的发生；

其次，孕晚期应增加营养，禁止性交，防止感染；注意身心健康，尽量避免精神创伤，避免过度劳累及从事过重的体力劳动；要积极治疗妊娠期并发症，尤其要做好妊娠高血压综合征的防治工作，减少早产发生；

最后，一旦出现下腹坠胀、疼痛、阴道有血性分泌物等早产征兆时，应左侧卧床休息，并根据胎儿情况，在医生指导下采取必要的保胎措施，尽可能延长妊娠期，让胎儿更趋成熟，提高早产儿的存活率。

准爸爸也要参与

随着妊娠天数一天天增加，尤其到了妊娠后期，丈夫要为妻子分娩做好充分的准备。准爸爸还要像以前那样在情感上关心体贴妻子。分娩前，准妈妈行动不便，丈夫要给予多方照料，体贴入微。每日可与孕妈共同完成胎教的内容，这已到了胎教的最后阶段，一定要把胎教坚持到底，还需要每日陪准妈妈活动、散步，这样有利于分娩，只是不能让孕妈太疲劳了。

胎教计划ABC

A.美食推荐

双色豆腐

【原料】嫩豆腐200克，鸭血250克，葱花少许，高汤适量。

【调料】食盐、香油、水淀粉各少许。

【做法】将嫩豆腐用水冲净，切成条；鸭血洗净后也切同样大小的条；高汤倒入锅中烧开，下入鸭血条煮2分钟，再下入豆腐条继续煮3分钟，加食盐调味，用水淀粉勾薄芡，芡熟后淋入香油，撒入葱花即可出锅。

点评：此菜含有丰富的铁、钙等营养物质，缺铁会导致孕妈出现头晕、乏力的症状，也会导致胎宝宝宫内缺氧，孕晚期的孕妈要为日后的分娩储存足够的铁。

B.画只蝴蝶吧

学习画画不仅能激发学习兴趣，还可以培养速记、概括、想象等能力。更关键的是通过色彩刺激孕妈的大脑，胎宝宝也能受到良好的刺激。

画动物简笔画首先要会概括动物的基本形状，基本形状就是大轮廓，它是根据动物的外形特征决定的。所以在画的时候孕妈可以在脑海中想象一下这个动物的形状。孕妈还可以把这个动物的外形编成顺口溜来概括。另外，要抓住动物的动态变化，由于动物所处的方位和运动状态不是固定不动的，所以基本形状也不是固定。甚至可以根据各种动物的特征采取夸张、拟人的手法来画，使形象更加突出。今天来画一只美丽的蝴蝶吧。步骤如下：

步骤a：先画蝴蝶的一边翅膀；

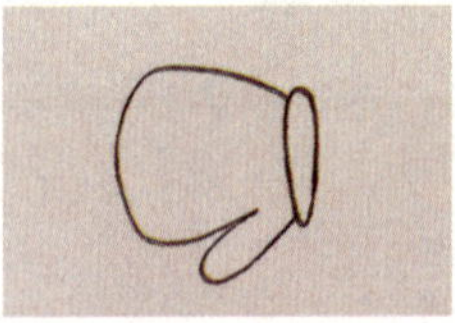

步骤b：再画另一边翅膀；

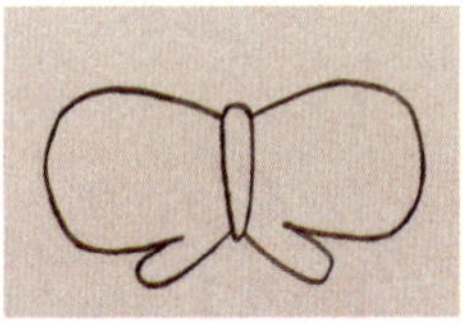

步骤c：画上蝴蝶的触角，翅膀上的花纹；

步骤d：给蝴蝶涂上鲜艳的色彩，一只美丽的蝴蝶就完成啦。

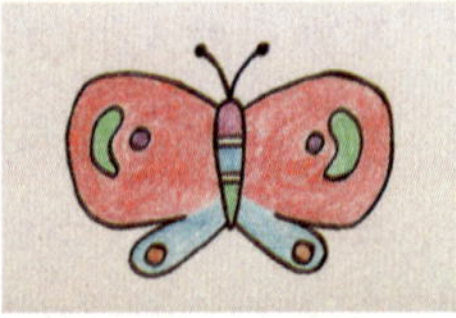

C.音乐欣赏

《天鹅湖》是全世界芭蕾舞剧中的经典作品，孕妈可以将这部舞剧的光碟买来，一边听着悦耳的音乐，一边欣赏优美的芭蕾舞。音乐背景故事如下：

有一天，王妃对儿子齐格弗里德王子说，他明天就得挑选一位少女做他的未婚妻，并邀请她参加他们的节日。王子不知所措，他不知道自己的心上人是谁。

这时，王子被一群天鹅深深地吸引住了，这群天鹅把他带到一个偏僻已成废墟的城堡附近的湖岸。在湖岸，这群天鹅翩翩起舞，一只最美丽的白天鹅吸引了王子。这时天鹅突然间变成了一群少女，那位最美丽的姑娘向王子吐露了她们神秘而不幸的遭遇。原来，那位美丽的天鹅就是被魔法禁锢的公主。一个恶毒的魔鬼用法术使她和她的侍女们变成了天鹅，只有夜间，在这湖岸才能恢复人的形象。

要解除巫术只有一个办法，那就是一位年轻人忠贞不渝的爱情，才能使她和侍女们摆脱巫术。王子深深地爱上了天鹅公主奥杰塔，并向她表示了他的爱慕之情。可是他们的谈话被恶毒的魔鬼洛特巴尔特偷听到了。在节日舞会上，魔王洛特巴尔特带着他的女儿奥吉丽雅走进了大厅，奥吉丽雅是奥杰塔的复制品，其目的是迷惑王子，骗取他的爱情宣言。王子以为奥吉丽雅就是奥杰塔，因此宣布与她结婚。魔鬼洛特巴尔特狂笑着，带奥吉丽雅离去。

这时王子才明白是个圈套，王子万分绝望地向天鹅湖奔去。知道真相的奥杰塔无限感伤，决心不再宽恕王子。当魔王狂喜地露出狰狞的凶相，王子不顾一切地向魔王冲去，在奥杰塔和群鹅们的帮助下，魔鬼被王子杀死。从此巫术消失了。奥杰塔和侍女们恢复了人形。

于是，奥杰塔公主和齐格弗里德王子幸福地生活在一起。

孕34周——头重脚轻的我

胎宝、孕妈的悄悄话

准妈妈： 宝宝，妈妈现在的肚子好大，就像一个硕大的西瓜，圆滚滚的。抱着这个大西瓜，妈妈上下楼梯都是气喘吁吁的，可是，妈妈想到不久就能见到一个健康的宝宝了，心中就充满了力量。

胎宝宝： 妈妈，我现在的体重大约2300克，身长45厘米左右。脂肪层正在变厚，看上去更丰满、更漂亮了。我现在整个倒了过来，变成了头朝下。医生阿姨格外关注我的位置，因为胎位是否正常直接关系到我是否能顺利出生。

孕妈要知道

孕妇体重持续增加，全身倦怠，腰腿容易疲劳，阴道和子宫下部逐渐变软，白带增多，乳头有时泌出稀薄的乳汁。

由于胎儿在腹内的占位，胃部受压更严重，一次吃不了太多的东西，可分几次吃，每次少吃些。

由于分泌物增多，外阴部容易污染，因此每天要清洗，内裤要勤换，注意保持清洁。

32周以后胎位比较固定了，应触摸胎位是否正常，若不正常可采取胸膝卧位将胎位纠正。

特别注意，不要因饮食过度而导致肥胖。这时胎儿已经有足够的养分，即使妈妈少吃东西，也不会立刻影响他的生长发育。

此时孕妈的胃肠活动变慢，容易发生便秘。应多吃薯类、海藻类和含纤维质丰富的蔬菜类防止便秘。

由于胎儿最后发育的需要，这一时期内，孕妈的营养应以丰富的钙、磷、铁、碘，蛋白质、多种维生素（如维生素E、B族维生素）为主。

准爸爸也要参与

此时，准爸爸要确定好孕妈分娩的医院，安排好送妻子去医院的交通工具及应付紧急情况发生而准备的措施，整理好母子的衣服、用具。还要做好足够的经济准备，以支付分娩所需及产后妻子和孩子补充营养的费用。

同时，随着孕妈的肚子越来越大，身体负担也越来越重，行动极其不方便，而且又要面对分娩的压力，因此此时的孕妈身心都有很大的负担。那么，准爸爸就要比平时更细心地来关心、照顾妻子，并要宽慰妻子，可与孕妈一起学习一些有关分娩的知识，再充分地利用学习的知识来保护孕妈和胎宝宝的安全。

胎教计划ABC

A.美食推荐

冬笋烧肉

【原料】带皮五花肉250克，冬笋350克，葱段、红椒片各少许。

【调料】食用油、食盐、姜汁、酱油、白糖、醋各适量。

【做法】将冬笋洗净，切成滚刀块，姜去皮切片；带皮五花肉洗净切成块；

炒锅上火，注油烧热后倒入五花肉煸炒至出油，再加入姜汁、酱油炒至变色，加入冬笋块一同翻炒一会儿，加少许清水焖煮至冬笋块熟，然后加入剩余调料、葱段和红椒片，收汁后即可出锅。

B.猜一猜吧

闲暇的时候，孕妈可以将一些动物、植物或生活用品的谜语念出来给胎宝宝听，然后和胎宝宝一起猜一猜，猜的时候可以给胎宝宝描述一下动物的特征。下面是一些字谜，闲暇之余，孕妈可以猜一猜。内容如下：

a.独木造高楼，没瓦也没砖，人在水下走，水在人下游。

b.弟弟长，哥哥短，两人竞走大师看，弟弟跑了十二圈，哥哥一圈才跑完。

c.小时青来老来红，立夏时节招顽童，手舞竹竿请下地，吃完两手红彤彤。

d.敲树干，当当当，要把害虫吃个光。(打一动物)

e.长得像竹不是竹，周身有节不太粗，不是紫来就是绿，只吃生来不能熟。

f.小时青青腹中空，长大头发蓬蓬松，姐姐撑船不离它，哥哥钓鱼拿手中。

g.有个矮将军，身上挂满刀，刀鞘外长毛，里面藏宝宝。

h.冬天蟠龙卧，夏天枝叶开，龙须往上长，珍珠往下排。

i.水上生个铃，摇摇没有声，仔细看一看， 满脸大眼睛。

j.两只翅膀难飞行，既作衣裳又作房，宁让大水掀下海，不叫太阳晒干房。

k.青枝绿叶不是菜，有的烤来有的晒，腾云驾雾烧着吃，不及锅里煮熟卖。

l.是牛向来不种田，体矮毛密本事寒，爬冰卧雪善驮运，高原之舟人人赞。

m.麻布衣裳白夹里，大红衬衫裹身体，白白胖胖一身油，建设国家出力气。

n.身穿皮袍黄又黄，吼叫一声百兽慌，虽然没率兵和将，尊严凛凛山大王。

o.青枝绿叶长得高，砍了压在水里泡，剥皮晒干供人用，留下骨头当柴烧。

参考答案：

a.雨伞。b.钟表。c.桑葚。d.啄木鸟。e.甘蔗。f.竹子。g.大豆。

h.葡萄。i.莲蓬。j.蚌。k.烟叶。l.牦牛。m.花生。n.老虎。

o.麻。

C.诗歌朗诵

下面这首诗为唐朝诗人孟浩然所作，是一首登高怀念友人的诗。

秋登万山寄张五

孟浩然（唐）

北山白云里，隐者自怡悦。
相望始登高，心随雁飞灭。
愁因薄暮起，兴是清秋发。
时见归村人，平沙渡头歇。
天边树若荠，江畔洲如月。
何当载酒来，共醉重阳节。

原文赏析：全诗情意真挚恳切，完美地表现了对友人的深切思念和热切盼望其前来共同赏秋饮酒的心情。

D.名画欣赏

世界名画具有较高的欣赏价值，今天孕妈就来欣赏这幅法国画家让·弗朗索瓦·米勒的油画《拾穗者》吧。

在这幅画中，作者采用横向构图描绘了3个正在弯着腰，低着头，在收割过的麦田里拾剩落的麦穗的妇女形象，她们穿着粗布衣裙和沉重的旧鞋子，在她们身后是一望无际的麦田，天空和隐约可见的劳动场面。米勒没有正面描绘她们的面部，也没有作丝毫的美化，她们就如现实中的农民一样默默地劳动着。在造型上，米勒用较明显的轮廓使形象坚实有力，很好地表现了农民特有的朴实顽强的气质。

此画色彩沉着，加之丰富细腻的暖调子，使作品在纯朴浑厚中，具有撼人心的力量。

孕35周——妈妈，您要多休息

胎宝、孕妈的悄悄话

准妈妈：宝宝，你现在可是妈妈单位的“小明星”哦，好多叔叔阿姨都给你送了礼物，打听你出生的日子。特别是小美阿姨，好喜欢你，几乎每天都要摸一下你，她说好盼望你出生的日子快点到来。

胎宝宝：妈妈，由于你的子宫空间越来越小，所以我已经不是在羊水里漂浮着，也不太可能再翻跟斗了。在此周我的听力已充分发育，所以你和爸爸每天都要跟我说话，爸爸要上班去了吗？好的，爸爸再见，下班回来讲一些趣闻给我听吧！

孕妈要知道

此时体力大减，是越发容易疲劳的时期。每天晚上至少要有8～9小时的睡眠时间，有条件的话，中午还可以小睡1～2小时。睡眠时一般采取左侧卧位的姿势，这样有利于胎儿的生长发育。

起床时，应该先让身体成侧卧姿势，然后弯曲双腿的同时，转动肩部和臀部，再慢慢移向床边，用双手撑在床上、双腿滑下床，坐在床沿上，稍坐片刻以后再慢慢起身。

不能因身体笨重就不运动，可继续做孕妈操，继续做辅助分娩动作，还应该练习助产呼吸技巧。

学习各种分娩知识，以便在分娩时配合医护人员，从而能顺利分娩。

此时虽然胎儿动得少了，但应坚持计数胎动，胎动每12小时在30次左右为正常，如果胎动过少（少于20次）预示胎儿可能缺氧，少于10次胎儿有生命危险，应及时上医院就诊。

准爸爸也要参与

在妊娠晚期，一方面，孕妈对分娩大都怀着既期待又恐惧的矛盾心理。因为腹部膨大，压迫下肢，活动不能随心所欲，同时出现尿频、便秘等症状，这使得孕妈易出现激动和心烦情绪，另一方面，对丈夫的陪伴和亲人的依赖心理也会增强。此时，准爸爸可以去上产前学习班，学习一些缓解妻子精神紧张的方法，如帮助孕妈洗浴、做家务劳动、陪孕妈散步等，还可以帮助妻子练习辅助分娩和呼吸技巧练习。

准爸爸的细心呵护，会让孕妈觉得安慰，从而能安心下来，也能增强顺利分娩的决心。

胎教计划ABC

A.美食推荐

西瓜皮西红柿蛋花汤

【原料】西瓜皮150克，西红柿1个，鸡蛋1个，葱段少许。

【调料】植物油、食盐各少许。

【做法】将西瓜皮削去翠衣后切片，西红柿洗净切片，鸡蛋搅匀备用；锅中放油烧热，下入西红柿片、葱段翻炒匀，加适量水烧开，放入西瓜皮片略煮，加食盐调味，淋入鸡蛋液，煮熟后出锅装碗即可。

B.唱首儿歌吧

孕妈吃水果时可先将水果的形状、颜色描绘给宝宝听，还可以准备一本幼儿识物的画册，里面也有水果图，孕妈就像教宝宝学数字一样，一边描摹水果的形状，一边念儿歌。

香蕉

香蕉甜，像月牙，
穿一件，黄大褂。

苹果

大苹果，圆又圆，
吃起来，脆又甜。

橘子

橘子黄，甜又香，
真好吃，有营养。

梨

梨儿甜，梨儿大，
秋风吹，满树挂。

山楂

山楂果，圆溜溜，
一个个，像红球。

C.学画数字“3”

今天要来学习数字“3”了，孕妈准确而清晰地读出数字“3”，并用手指描摹3的轮廓，反复多次。再读出“3像耳朵会听话”，脑海中想象耳朵的形状。

孕妈再闭上眼睛，脑中展开联想，“3”还像什么呢？像英文字母B，像竖着的“山”字。教宝宝认识数字“3”之后，在生活中看到与3有关联的事物时，就可以告诉宝宝：“宝宝，这里有3个苹果。”“今天，我们要去哥哥家玩，他家有3口人。”

D.诗词欣赏

柳宗元（公元773年～公元819年），字子厚，汉族，河东（现在山西芮城、运城一带）人，唐宋八大家之一，唐代文学家、哲学家、散文家和思想家，世称“柳河东”“河东先生”。

其代表作有《江雪》《渔翁》等。下面这首诗是柳宗元被贬后心境代表作之一，其意境深厚，字字玑珠，好好欣赏吧！

江 雪

柳宗元（唐）

千山鸟飞绝，

万径人踪灭。

孤舟蓑笠翁，

独钓寒江雪。

孕36周——我已经能呼吸啦

胎宝、孕妈的悄悄话

准妈妈：宝宝，妈妈现在进入了全面“备战”阶段——加大运动，这可是在为我们的顺利见面做准备：饮食科学，既要保证营养又要控制体重；坚持胎教，宝宝的发育更趋完善，正是胎教好时机。宝宝，我们一起努力！

胎宝宝：妈妈，我的两个肾脏已发育完全，肝脏也已能够处理一些代谢废物，脾脏发育完成，并可以分泌胰岛素了。最近当我在你腹中活动时，手肘、小脚丫和头部可能会清楚地在你的腹部突现出来，这是因为此时你的子宫壁和腹壁已变得很薄了。

胎宝宝的成长

这个月的胎儿发育已经基本成熟，身长46~50厘米，体重约2500克。可见完整的皮下脂肪，身体圆滚滚的。长满全身的毫毛开始逐渐消退，脸上和肚子上的细毛已经消失，皮肤呈粉红色，并且比以前光滑了，指甲也长至指尖处。男婴的睾丸下降至阴囊中，女婴的大阴唇开始发育，也就是说，生殖器基本发育完备。

孕妈的变化

这个月，孕妇腹部进一步隆起，到月末，孕妇的子宫底高约32厘米（29.8~34.5厘米），上升到心脏和胃，容易引起心慌、气喘。胃由于被压迫使得消化液分泌减少，孕妇食欲减退；膀胱被压迫则使得尿频更加明显；阴道分泌物增多，排尿次数也更加频繁，而且排尿后仍会有尿意。

到了本周末，胎宝宝在孕妈的肚子里的位置不断下降，不规则宫缩继续频发，你现在感觉做什么都费劲，下腹部坠胀感明显。

准爸爸也要参与

临近分娩，准爸爸要提前将一些用品准备好；

孕妈的各种证件：如医疗证、挂号证、医疗保险证、生育服务证、户口簿等。

衣物：肥大的睡衣或内衣至少2套；棉质内裤至少4～6件；棉质、宽带、前面或侧面可拉开的胸罩2～3件；棉线袜2双，拖鞋1双。

日常用品：毛巾7～8条；小洗脸盆1个（产妇洗下身专用）；牙刷、牙膏、梳子、护肤品等洗漱用具1套；产妇用卫生巾及卫生纸各适量。

婴儿用品：如婴儿衣服、纸尿裤、奶瓶、奶粉等。

以上这些物品准爸爸最好能列个清单，准备好后做个记号，以备临产前再次确认。

运动胎教

妊娠晚期孕妈应该做好分娩辅助动作的训练，分娩能否顺利进行，很大程度取决于产妇是否懂得用力、休息、呼吸这3方面的方法，所以孕妈应该从这几方面进行训练。

锻炼骨盆底肌肉的方法

仰卧在床上，垫高头部，双手平放在身体的两侧，双膝弯曲，脚底平放于床面，像要控制排尿一样，分5次使盆底肌肉完全收缩，然后再分5次使盆底肌肉逐渐放松。每组重复10次，每天至少3～5组。

腰椎运动

孕妈蹲在地上，双手支撑身体，头垂下，两肩及背部随着头部一起向下，使脊背弓起。然后头部抬起，两肩及背部又随着头部一起挺起，使脊背向下弯。重复做10次，此种运动不仅可以帮助孕妈减轻腰痛，还能帮助分娩过程顺利。

下蹲运动

进行下蹲运动，可以使骨盆关节灵活，增加背部和大腿肌肉的力量和会阴的皮肤弹性，以利于顺利分娩。

具体方法是：两脚稍分开，面对一把椅子站好，保持背部挺直，两腿向外分开并且蹲下，用手扶着椅子，在觉得舒服的前提下使这种姿势尽量保持得长久一些。如果感到双脚底完全放平有困难，可以在脚跟下面垫一些比较柔软的物品。起来时，动作要缓慢一些，扶着椅子，不要贪快，否则可能会感到头昏眼花。

侧卧抬腿

这项运动能让臀部和大腿内侧的肌肉得到放松。具体方法是：在床上取侧卧姿势，微微弯曲或平伸靠下的腿。然后，用手抓住靠上的腿，尽量向上拉，注意在拉的过程中，靠上的腿要伸直。

胎教计划ABC

A.美食推荐

黄花菜炖瘦肉

【原料】干黄花菜40克，瘦肉200克，姜丝、葱末各10克。

【调料】食盐、香油各适量。

【做法】将干黄花菜去根洗净，加水浸泡至软；猪瘦肉洗净切丝，备用；锅内加适量水，放入黄花菜、猪肉丝、姜丝、葱末，大火烧沸后改用文火煮20分钟，调入食盐，煮入味后滴入香油即成。

点评：黄花菜和猪肉是极好的搭配，一起炖汤可帮助孕妈滋补气血。同时黄花菜还是“健脑菜”，因为其富含卵磷脂，卵磷脂能促进胎儿的大脑发育。

B.诗歌朗诵

今天，让准爸爸用他那浑厚的嗓音，为宝宝朗读下面这首小诗吧！准爸爸请注意，朗读时语调要充满感情。孕妈则可抚摸胎宝宝，爸爸妈妈要集中注意力，将这爱传递给宝宝。

客至

杜甫（唐）

舍南舍北皆春水，
但见群鸥日日来。
花径不曾缘客扫，
蓬门今始为君开。
盘飧市远无兼味，
樽酒家贫只旧醅。
肯与邻翁相对饮，
隔篱呼取尽馀杯。

原文赏析：这是一首欢迎来客的诗，洋溢着浓郁的生活气息，表现了诗人诚朴的性格和喜客的心情。先从户外的景色着笔，写客来的时间、地点和环境，然后写客至的欢迎场面，待客的热情气氛，最后是高潮，写邻居老翁陪客。

诗词大意：草堂的南北都是春江水势涨溢，只见鸥群日日结队飞来。长满花草的庭院小路，还没有因为迎客打扫过，今天才为您扫，一向紧闭的柴门不曾为客开过，今天为您打开。离市集太远没好菜肴，家底太薄只有陈酒招待。若肯邀请隔壁的老翁一同对饮，隔着篱笆唤来喝尽余杯！

孕37周——随时准备与妈妈见面

胎宝、孕妈的悄悄话

准妈妈：宝宝，妈妈最近有点紧张，总担心你会心急提前出来，这不，昨晚妈妈做了个梦，梦到妈妈生啦，可是生出来的小孩不见了，只见旁边的人拿着一个红红的苹果！这是胎梦吧？

胎宝宝：妈妈，此周我的身长约51厘米，体重约3千克。因为空间太小，我已经无法在妈妈肚子里做运动了。现在我的身体发育基本完成，是个健康的小宝宝了。我现在正在练习呼吸，随时准备与辛苦的妈妈见面了。

孕妈要知道

此时随时有可能破水、阵痛而分娩，应该避免独自外出或出远门，有需要可让丈夫陪同一起去，需要购买东西也可让丈夫或家人帮你去买。

适当的运动不可缺少，但不可过度，以免消耗太多的精力而妨碍分娩。营养、睡眠和休养也必须充足。

尽可能每天洗澡，清洁身体。特别要注意外阴部的清洁，头发也要整理好，内衣裤应时常更换。若发生破水或出血等分娩征兆，就不能再行洗浴，所以在此之前最好每天勤于淋浴。

此时要严禁性生活，以免造成胎膜早破和早产。

孕晚期不宜长时间坐车，忌熬夜。

这个时期，由于胎位已相对固定了，但如持续12小时仍感觉不到胎动，应马上去医院就诊。

准爸爸也要参与

到此时期，体重的增加、行动的不便以及饮食和睡眠不规律等情况，使得孕妈特别容易冲动，而良好的心理状态会为胎宝宝提供一个良好的生长发育环境。对于孕妈的倾诉，准爸爸要做个忠实的听众，这样有助于缓解孕妈的不良情绪。

准爸爸还要帮助孕妈翻身，对于孕晚期的孕妈来说，翻身变得越发有难度，要么是身子先过去，再把肚子挪过去；要么是肚子先过去，身子再跟过去；甚至干脆翻不过去。这时期准爸爸就要牺牲一下自己的睡眠了，警醒一些，多留意身边的妻子，适时帮她翻身。

运动胎教

学会不同的呼吸法是很重要的，在分娩中孕妇将能够在不同的时间里适用到每一种方法，以此来帮助自己镇静、放松，保持体力，缓解疼痛，减少恐惧，通过集中精力呼吸来对自己身体产生高度的控制作用。其中呼吸运动是分娩中减轻产痛最常用的方法，但呼吸也有技巧，分深呼吸、浅呼吸和短促呼吸。

深呼吸

深呼吸适合于子宫收缩开始和结束的时候。其技巧是孕妇尽量做到放松，当你吸气时，你会感觉到肺的最下部充满了空气，胸廓下部向外和向上扩张。如果你舒适地坐着，家人把手放在你的背下部，你能够通过吸气使其移开。这有点像叹气结束时的感受，接下来缓慢而深沉地将气呼出。这种深呼吸会产生一种镇静的效果。

浅呼吸

浅呼吸适合于子宫收缩达到高点的时候。技巧是吸气要浅，感觉吸到肺的上半部，当你的肺的上部分充满气体时，你的胸部的上部和肩胛就会上升和扩大。此时如果家人将手放到你的肩胛上便会感觉到。

短促呼吸

短促呼吸用在子宫颈口未开大前抵御向下

用力和镇痛，其技巧是呼吸上提放松，以不感到用力为度。孕妇应仰卧，后膝盖弯曲，双手交叉握在胸前，先吸气后用鼻快速短促地重复呼吸5次。口微微张开，慢慢呼气，重复练习。

胎教计划ABC

A.美食推荐

时蔬炒山药

【原料】山药、南瓜各200克，黑木耳15克，荷兰豆50克。

【调料】植物油、食盐各少许。

【做法】将山药去皮洗净，切成厚片，用水焯至断生，南瓜去皮后也切厚片备用；黑木耳泡发后撕成小片，荷兰豆洗净切成段；锅中放油烧热，下入黑木耳、荷兰豆和南瓜片，翻炒匀后加入山药片，快速翻炒至熟，加食盐调味即可出锅。

B.讲个故事吧

本周，就让孕妈与胎宝宝一起享受这个《小蝌蚪找妈妈》的故事吧！宝宝快要出生了，他也很快就要找到妈妈啦！

暖和的春天来了，青蛙妈妈在泥洞里睡了一个冬天，也醒来了。她从泥洞里慢慢地爬出来，跳进池塘里，在碧绿的水草上，生下了许多黑黑的、圆圆的卵。

春风吹着，阳光照着，青蛙妈妈生下的卵，慢慢地活动起来，变成一群大脑袋、长尾巴的小蝌蚪。小蝌蚪在水里游来游去，非常快乐。

有一天，鸭妈妈带着小鸭到池塘来游泳，让小蝌蚪想起了自己的妈妈。于是他们一齐游到鸭妈妈身边，问："鸭妈妈，鸭妈妈，您看见过我们的妈妈吗？"

鸭妈妈亲热地回答说："看见过，你们的妈妈有两只大眼睛，嘴巴又阔又大。好孩子，你们到前面去找吧！"

"谢谢您，鸭妈妈！"小蝌蚪高高兴兴地向前面游去。

一条大金鱼游过来了，小蝌蚪看见大金鱼头顶上有两只大眼睛，嘴巴又阔又大。他们想：一定是妈妈来了，就追上去喊："妈妈！妈妈！"

大金鱼笑着说："我不是你们的妈妈。我是小金鱼的妈妈。你们的妈妈有四条腿，好孩子，你们去找吧！"

谢谢您！金鱼妈妈！"小蝌蚪又向前面游去。

一只大乌龟在水里慢慢地游着，后面跟着一只小乌龟。小蝌蚪游到大乌龟跟前，仔细数着大乌龟的腿："一条，两条，三条，四条。四条腿！四条腿！这回可找到妈妈啦！"小乌龟一听，急忙爬到大乌龟的背上，昂着头说："你们认错啦，她是我的妈妈。"

大乌龟笑着说："你们的妈妈穿着好看的绿衣裳，唱起歌来'呱呱呱'，走起路来一蹦一跳。好孩子，快去找她吧！"

"谢谢您，乌龟妈妈。"小蝌蚪再向前面游过去。

小蝌蚪游呀游呀，游到池塘边，看见一只青蛙，坐在圆圆的荷叶上"呱呱呱"地唱歌。小蝌蚪游过去，小声地问："请问您：您看见我们的妈妈吗？她有两只大眼睛，嘴巴又阔又大，四条腿走起路来一蹦一跳的，白白的肚皮绿衣裳，唱起歌来呱呱呱……"

青蛙没等小蝌蚪说完，就"呱呱呱"大笑起来。她说："傻孩子，我就是你们的妈妈呀，我已经找了你们好久啦！"

小蝌蚪听了，一齐摇摇尾巴说："奇怪！奇怪！为什么我们长得跟您不一样呢？"青蛙笑着说："你们还小呢。过几天，你们会长出两条后腿来；再过几天，又会长出两条前腿。四条腿长齐了，脱掉尾巴，换上绿衣裳，就跟妈妈一样了。那时候，你们就可以跳到岸上去捉虫吃啦。"

小蝌蚪听了，高兴得在水里翻起跟斗来："呵！我们找到妈妈了！我们找到妈妈了！

孕38周——我已经是足月儿了

胎宝、孕妈的悄悄话

准妈妈：宝宝，经过这几个月来的相处，我早已习惯你在我肚子里翻转腾挪，习惯了我顶着个西瓜肚子来来去去，突然有一天瓜熟蒂落，你说你出生后我会不会反而有失落啊？看，怀孕的人就爱胡思乱想，你笑话我吧，妈妈其实是害怕了，听说分娩很痛呢。

胎宝宝：妈妈，我的头已完全入盆，头部在盆内摇摆，被周围的骨盆骨架保护着。这样我就有更多的空间放自己的小胳膊、小腿和小屁屁了。现在，我的各个器官发育完全并已各就各位，脑和肺部也开始了工作，并会在出生后继续发育成熟。

孕妈要知道

工作的孕妈应该暂离工作岗位了，好好在家中休息，为临产做准备。

此期身体非常笨重，几乎进行不了什么活动，散步是最适宜的运动。散步时应该抬头、挺直后背、伸直脖子、收紧臀部，保持全身平衡，稳步行走。

可以进行一些利于顺利分娩的活动，如下蹲运动等。

为保证分娩时的体力，此时要增加营养，以富含纤维素的蔬菜、水果为主，同时保证足量的蛋白质、糖以及钙、铁、磷和钾等营养素。

越临近分娩越要保持心情舒畅，不可有恐惧和焦虑心理。

注意营养、休息，经常散散步、听听轻音乐，尽可能地放松自己，或看一些喜剧片，读一些轻松的文章，不看恐怖影视作品、小说，以免增加额外的紧张。安排好分娩前的准备工作，协商好分娩过程中可能出现的问题和解决办法。

与社会多接触，尤其周围亲人，跟妈妈们交谈，咨询产科专家，获取分娩和育儿的感受和经验，以消除心中的疑问及了解分娩和育儿的知识。

学习和练习分娩镇痛的呼吸和按摩方法。

准爸爸也要参与

越临近产期，孕妈越容易出现紧张、焦虑、恐惧的心理，对于妻子的这种情况，丈夫一定要想办法帮妻子消除。当妻子显得不耐烦时，挑剔、耍脾气时，丈夫可以用一些幽默或诙谐的语言，来调节妻子的情绪；也要多鼓励妻子，让她多想想腹中的胎儿，激发她的爱子之情。还可以陪同妻子一起进行分娩辅助运动的练习，以加深父母与孩子的感情，不断地给胎儿以鼓励，这对胎儿有很大的意义。

运动胎教

怀孕、临产阵痛及分娩都会给孕期女性的身体增加很大的负担。如果在孕期经常做一些适应性运动和练习，就能帮助孕期女性顺利度过妊娠期。另外，这些运动和练习，对分娩过程和产后体形的恢复，都有好处。

这里介绍一套适合妊娠晚期做的孕妇操，通过锻炼可以防止由于体重增加和重心变化引起的腰腿疼痛，能够松弛腰部和骨盆的肌肉，为将来分娩时胎儿能顺利通过产道做好准备。

伸展运动

站立后，缓慢蹲下，动作不宜过快，蹲的幅度应根据孕妇所能及的程度。双腿盘坐，上肢交替上举下落，上肢及腰部向左右侧伸展；双腿平伸，左腿向左侧方伸直，用左手触摸左腿，尽量伸得更远一些，然后右腿向右侧方伸直，用右手触摸右腿。坐直，小腿向腹内同时收拢，双手分别扶在左右膝盖上。

四肢运动

站立，双臂向两侧平伸，肢体与肩平，用整个肢体前后摇晃画圈，大小幅度交替进行。

站立，用一条腿支撑全身，另一条腿尽量抬起，手最好能扶住支撑物，以免跌倒，然后换另一条腿进行，可反复几次。

骨盆运动

平卧在床上，屈膝、抬起臀部，尽量抬高一些，然后徐徐下落。

腹肌运动

半仰卧起坐，平卧屈膝，从平仰到半坐起，完全坐起，再回复到平卧。这节运动最好根据孕妇的体力情况而定。

盆底肌肉锻炼

盆腔肌肉的收缩也是构成产力的一部分，在分娩过程中协助宝宝运动，它的功能减弱也可能导致难产，所以，盆腔肌肉的锻炼显得十分重要。

盆底肌肉的锻炼可以通过收缩和放松直肠、阴道和尿道来进行，就像排尿—憋尿—排尿，上提肛门—放松—上提肛门，这样反复练习。练习方法分为快速运动和慢速运动，快速运动就是在几秒钟内迅速收缩和放松，慢速运动是缓慢收缩和尽可能保持，或默数到10，然后放松休息几分钟后再重复。

胎教计划ABC

A.美食推荐

豆豉炒牛肉

【原料】牛肉160克，西芹100克，蛋白1个，姜末10克，豆豉30克，淀粉5克。

【调料】酱油5毫升，食用油5毫升。

【做法】将牛肉洗净、切片后装碗，再加入盐、蛋白、淀粉拌匀，腌渍20分钟。将西芹洗净，去除过粗纤维后切斜刀，备用。热油锅，下牛肉片炒至七分熟，捞出后备用。原锅中放入豆豉、姜末煸炒，接着加入酱油以及西芹翻炒，加适量水和牛肉片，大火炒熟即可。

B.诗歌朗诵

下面这首外国诗歌《我沿着初雪漫步》是俄国田园诗人叶赛宁所作，表达了他对雪和大自然的热爱和感叹。

我沿着初雪漫步

叶赛宁

我沿着初雪漫步，
心中的力量勃发像怒放的铃兰，
在我的道路上空，
夜晚把蓝色小蜡烛般的星星点燃。

我不知道那是光明还是黑暗？
密林中是风在唱还是公鸡在啼？
也许田野上并不是冬天，
而是许多天鹅落到了草地。

啊，白色的镜面的大地，你多美！
微微的寒意使我血液沸腾！
多么想让我那炽热的身体，
去紧贴白桦袒露的胸襟。

啊，森林的郁郁葱葱的浑浊！
啊，白雪覆盖的原野的惬意！
多想在柳树的枝杈上，
也嫁接上我的两只手臂。

孕39周——妈妈，我们很快就可以见面了

胎宝、孕妈的悄悄话

准妈妈： 宝宝，妈妈现在的心情是忐忑中带着兴奋，其实好期待你的出生，妈妈将你的模样在脑海中想了上百遍，真是迫不及待地想要看看你是不是和我想象的一样。

胎宝宝： 妈妈，我现在安静了许多，不太爱活动了。因为我的头部已固定在骨盆中，所以会向下运动，压迫妈妈的子宫颈，妈妈可能难受了吧。妈妈坚持，加油，我们很快就可以见面啦。

孕妈要知道

为防止胎儿发生异常情况，必须每周进行一次产前检查。

检查准备事项是否还有遗漏之处，譬如与家人的联络方法、前往医院的交通工具等是否安排就绪，以便随时到医院分娩。

了解分娩开始的各种症状以及住院、分娩和产褥期的相关知识。

同医生商量，并了解分娩的方式，根据身体情况选择好分娩方式。

预产期前几天，孕妈尤其要注意保持外阴清洁，每天早晚用肥皂、温开水洗涤外阴、大腿内侧和下腹部。

和准爸爸一起准备好入院的证件、衣物、婴儿用品等。

准爸爸也要参与

随着产期的临近，准爸爸与孕妈都应做好分娩的思想准备，可以多阅读一些有关分娩的书刊，或咨询有关专家，了解分娩的过程，做到心中有数。准爸爸还可以陪同准妈妈到产房去看一看，孕妈如果对自己所要待的产房环境、分娩设备有所了解，就不会那么紧张了。

产床

产床上设有利于产妇分娩的支架，有些部位可以抬高或降低，床尾可去掉。

胎儿监测仪

可时刻记录下宫缩和胎儿心跳，通过这种仪器可以了解胎儿的情况。

保温箱

因新生儿的热量易于丧失，为防止体温降低过快，有时会将其放入保温箱内。

吸氧设备

宫缩时胎儿的血液和氧气供应都会受到影响，吸氧会使产妇的氧气储备增加，增加对宫缩的耐受能力，对产妇和胎儿都有好处。

吸引器

胎儿在母体内处于羊水包围之中，口腔和肺内有一定量的羊水存在，新生儿受到产道的挤压，羊水被挤压出去，少数新生儿口腔内仍有羊水，甚至还会有胎粪，就需要用吸引器吸出，它是产房必备的设备之一。

胎教计划ABC

A.音乐欣赏

孕妈可根据心情来选择不同的胎教音乐。柔和平缓，带有诗情画意的乐曲具有镇静的作用；曲调优美酣畅、起伏跳跃，旋律轻盈优雅的，可以解除孕妈忧郁的情绪；轻松悠扬、节奏明快的音乐，可以起到舒心的作用；乐曲清丽柔美、抒情明朗，可以消除孕妈的疲劳；曲调激昂、引人向上，旋律婉转欢快，具有令人精神振奋的作用；轻盈灵巧的旋律，以及安详柔和的情调，则有催眠的作用。

进入孕晚期，孕妈应该多听优美欢快的乐曲，以缓解焦虑及恐惧的心理。今天孕妈就来欣赏一首欢快喜庆的民族乐曲《喜洋洋》吧。

全曲分三段，第一段用跳跃欢快的节奏表现了热烈欢腾的场面，第二段舒展优美，犹如欢乐的人们在尽情歌唱，第三段再现第一段的主题，把人们又一次带入载歌载舞的喜庆之中。

整首乐曲曲调优美酣畅、起伏跳跃，旋律轻盈优雅，以浓郁的民族风格表现了中华民族乐观开朗的性格，给人们呈现了一个热闹喜庆的欢快场面。

B.名画欣赏

临近分娩，有些孕妈会比较紧张，一面害怕分娩时的疼痛，一面又很期待宝宝的出生，这种矛盾的心理会让许多孕妈出现焦虑不安的状况。加上此时身体沉重，许多运动受到限制，所以，此时欣赏一些世界名画不失为一个缓解孕妈焦虑情绪的好方法。

下面这幅画为意大利画家拉斐尔所作的油画——《美丽的女园丁》。此画通过美丽的女园丁的形象，表现圣母马利亚的世俗之爱的精神。笔锋细腻，技巧完美，表现出了女园丁的亲切、和蔼。赤子的纯洁可爱，对于母性的依恋，给人一种感受温暖阳光普照的亲情。此画生动传神地传达了作者对生活的渴望，孕妈集中注意力凝视画面，是不是也感受到了这种美好呢？

C.讲个故事吧

给宝宝读一读有关兔子的故事吧。下面的小故事诙谐幽默，孕妈或准爸爸可以诙谐的语气读出，孕妈还可以在脑海中想象一下可爱的兔子和老虎你躲我追的故事情节，带给胎宝宝愉快的感受。

虎和兔

坡上有只大老虎，
坡下有只小灰兔。
老虎饿肚肚，
想吃灰兔兔。
虎追兔，兔躲虎，
老虎满坡找灰兔。

兔钻窝，虎扑兔，
刺儿扎痛虎屁股。
气坏了虎，乐坏了兔。
饿虎肚里咕咕咕，
笑坏了窝里的小灰兔。

D.美食推荐

小排冬瓜汤

【原料】猪小排350克，冬瓜250克，葱花、姜片各少许。

【调料】食盐少许。

【做法】猪小排洗净，切小段，入沸水中汆烫后盛出；冬瓜去皮洗净，切成均匀的片；锅中再放水烧开，下入猪小排段、姜片，待再沸后转小火炖1.5小时，加入冬瓜片，煮至冬瓜熟软，加食盐调味，撒入葱花即成。

点评：此汤具有清热利水的功效。

孕40周——宝宝要出生了

胎宝、孕妈的悄悄话

准妈妈：宝宝，这一天终于来到了，你要出生了！妈妈一想到可以真切地面对你，就连分娩疼痛的恐惧都能视若无睹。宝贝，妈妈爱你，你会在爸爸妈妈身边幸福地长大。

胎宝宝：妈妈，我身体内的所有器官和系统都已发育成熟，是一个鲜活的小生命，随时可以出生了！亲爱的妈妈，我好兴奋，因为你马上就能抚摸到我，将我实实在在地抱在怀里啦！

胎宝宝的成长

这个阶段胎儿体重迅速增加，每天大约长30克，体重约3000克，头围约34厘米，肩宽约11厘米，腰围27厘米左右。此时胎儿的外形模样已经跟新生儿一样。

胎儿皮下脂肪继续增厚，体形圆润。皮肤没有皱纹，呈淡红色。骨骼结实，头盖骨变硬，指甲也长到超出手指尖，头发长出2～3厘米，细毛几乎看不见了，内脏、肌肉、神经等都非常发达，已完全具备生活在母体之外的条件。男性胎儿的睾丸已下降，女性胎儿大、小阴唇发育良好，大阴唇盖住小阴唇和阴蒂。

孕妈的变化

孕期10个月末，孕妇子宫底高约33厘米（30.0～35.3厘米）。由于胎儿下降，腹部凸出部分有稍减的感觉，胃和心脏的压迫感减轻，但因为下降的子宫压迫膀胱，尿频更为明显，而且阴道分泌物也增多起来。由于肚皮胀得鼓鼓的，肚脐眼的凹陷也消失了，成了平平的一片。

胎儿压迫胃的程度渐小，孕妈胃舒服了，食欲也日渐恢复正常。而且，孕妈常感到肚子发胀，子宫出现收缩的情况。这种情况如果每日反复出现数次，就是临产的前兆。

准爸爸也要参与

孕期接近尾声，准爸爸可不要松懈，分娩是女人极其重要的一关，准爸爸更要予以关心。临产期间，准爸爸应尽量不要外出，夜间要在妻子身边陪护。这个时期准爸爸应该把一切都准备好，随时准备迎接宝宝的到来。在孕妈分娩前，准爸爸要准备好充足的水、点心或孕妈平时喜欢吃的小零食，最好再准备一些巧克力，以便随时补充能量。

分娩时，准爸爸要为妻子进行触摸或轻轻揉摸背部、腰部、腹部等部位，在带给妻子柔情的同时也有助于减轻其痛楚。在妻子阵痛间隙，可以和妻子一起想象宝宝的模样，讲讲将来怎样培养他，努力制造轻松气氛。

胎教计划ABC

A.美食推荐

枸杞猪肝汤

【原料】猪肝250克，枸杞子20克，葱段、姜片各15克。

【调料】食用油、姜汁、食盐各适量。

【做法】猪肝洗净切成片，枸杞子洗净；将炒锅置火上，倒入油烧热，放入猪肝片、葱段、姜片煸炒，淋入姜汁炒匀；加入适量清水，放入枸杞子煮至猪肝熟透，加食盐调味即成。

点评：此汤适宜便秘及贫血的孕妇食用。

B.唱首歌吧

《雪绒花》是音乐剧《音乐之声》的插曲。在奥地利，雪绒花象征着勇敢，因为野生的雪绒花生长在环境艰苦的高山上，常人难以得见其美丽容颜，所以见过雪绒花的人都是英雄。

从前，奥地利许多年轻人冒着生命危险，攀上陡峭的山崖，只为摘下一朵雪绒花献给自己的心上人，因为只有雪绒花才能代表为爱牺牲一切的决心。同样，孕妈怀胎十月，用伟大的母爱孕育着腹中的小生命，母爱也代表着牺牲，下面就来唱一唱这经典的歌曲《雪绒花》吧，也把这爱传递给腹中即将出生的宝宝。

edelweiss, edelweiss
every morning you greet me
small and white, clean and bright
you look happy to meet me
blossom of snow may you,
bloom and grow
bloom and grow forever
edelweiss, edelweiss
bless my homeland forever

雪绒花，雪绒花
每天清晨迎接我
小而白，纯又美
总很高兴遇见我
雪似的花朵，深情开放
愿永远鲜艳芬芳
雪绒花，雪绒花
为我祖国祝福吧